SLOWUP – DER MOTORFAHRZEUGFREIE ERLEBNISTAG IN DER SCHWEIZ UND IM NAHEN AUSLAND

Das slowUp-Rezept ist so einfach wie überzeugend: Man nehme breite Strassen in einer attraktiven Landschaft, sperre sie einen Tag für den motorisierten Verkehr und sorge für ein vielseitiges Rahmenprogramm entlang der Strecke. Daraus wird ein Fest, anders als alle anderen: Jung und Alt, Familien, Bewegungsmenschen und Genussmenschen geniessen die fröhliche Stimmung im motorfreien Ambiente.

Die slowUp-Erfolgsgeschichte ist eindrücklich. Seit dem Start im Jahre 2000 als Vorevent der Expo.02 hat slowUp ein stürmisches Wachstum erlebt. Jahr für Jahr stiegen die Zahl der Events und die Zahl der Teilnehmenden. Aus der Idee ist in kurzer Zeit ein nationaler Event geworden, einer der grössten, was die Zahl der aktiv Teilnehmenden betrifft. Bis zu einer halben Million Personen nehmen jährlich an einem der mittlerweile 18 slowUp teil.

Die aktuellen Veranstaltungsorte und -daten finden Sie auf slowUp.ch

SchweizMobil

JURA-ROUTE
BAND 7
VELOLAND SCHWEIZ

WERDVERLAG.CH

JURA-ROUTE
BAND 7
VELOLAND SCHWEIZ

Veloland Schweiz

Herausgegeben von der
Stiftung SchweizMobil

Alle Angaben in diesem Buch wurden von den Autorinnen und Autoren nach bestem Wissen und Gewissen erstellt und von ihnen und dem Verlag mit Sorgfalt geprüft. Inhaltliche Fehler sind dennoch nicht auszuschliessen. Daher erfolgen alle Angaben ohne Gewähr. Weder Autorinnen und Autoren noch der Verlag übernehmen Verantwortung für etwaige Unstimmigkeiten. Fehlermeldungen und Ergänzungen bitte an: Weber Verlag AG, Gwattstrasse 144, 3645 Thun/Gwatt, mail@weberverlag.ch.

1. Auflage 2017, unveränderter Nachdruck 2020, 2. aktualisierte Auflage 2025

Konzept: Stiftung SchweizMobil und Weber Verlag
Bilder: siehe Bildnachweis Seite 75
Karten: swisstopo

Weber Verlag AG
Leitung: Annette Weber-Hadorn
Gestaltung Inhalt, Satz, Gestaltung Karten: Weber Verlag

Der Weber Verlag wird vom Bundesamt für Kultur mit einem Strukturbeitrag für die Jahre 2021–2025 unterstützt.

ISBN 978-3-03922-190-5

www.weberverlag.ch
mail@weberverlag.ch

Auslieferung EU
Brockhaus Commission GmbH
Postfach 1220
D-70803 Kornwestheim
info@brocom.de

INHALTSVERZEICHNIS

SchweizMobil steht für ein einzigartiges, zusammenhängendes und attraktives Routennetz in der ganzen Schweiz und in Liechtenstein. Im Sommer besteht SchweizMobil aus Wandern, Velofahren, Mountainbiken, Skating und Kanu. Im Winter findest du eine breite Auswahl an Winterwanderwegen, Schneeschuhtrails, Langlaufloipen und Schlittelwegen.

Damit dieses einmalige Angebot bestehen bleibt und weiter ausgebaut werd en kann, arbeitet SchweizMobil gemeinsam mit dem Bund, den Kantonen und verschiedenen Fach- und Tourismusorganisationen.
Das Team von SchwezMobil setzt sich dafür ein, dieses Angebot stetig zu verbessern und breit zu kommunizieren.

ÜBERSICHTSKARTE DER NATIONALEN UND REGIONALEN ROUTEN VON VELOLAND SCHWEIZ

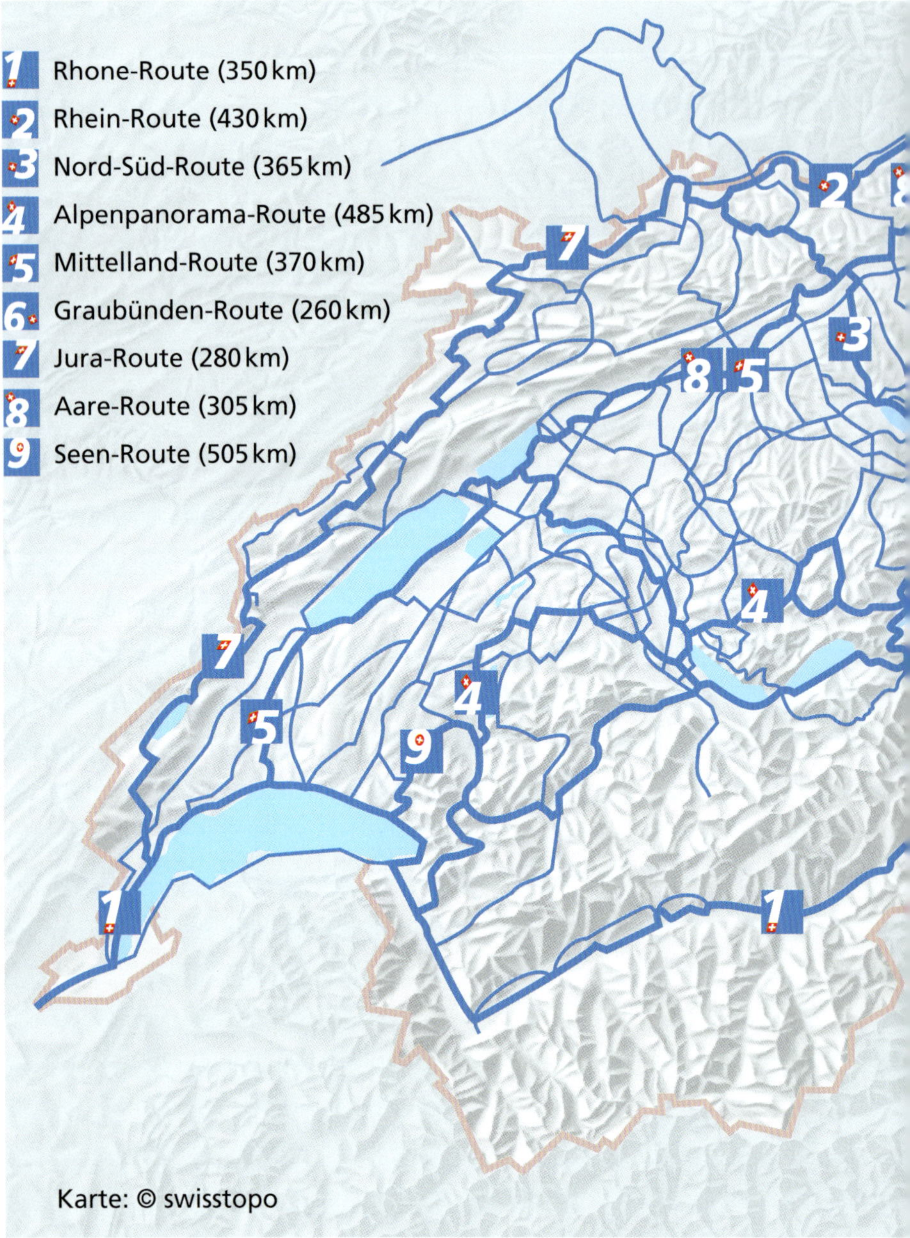

Detailkarten von swisstopo bis zum Massstab 1:10 000 zu allen nationalen, regionalen und lokalen Routen kostenlos ausdrucken unter www.schweizmobil.ch

SIGNALISATION

Die Veloland-Routen sind einheitlich signalisiert und beginnen und enden immer an einem Bahnhof. An wichtigen Verzweigungen enthalten Wegweiser auch Angaben über die Zielorte sowie die Distanzen.

NUMMERIERUNG

Die Wegweiser sind mit einem Routenfeld und einer Nummer versehen. Die nationalen Routen sind mit einstelligen, die regionalen Routen mit zweistelligen und die lokalen Routen mit dreistelligen Nummern gekennzeichnet.

VORWEGWEISER

Wo keine Signalisation vorhanden ist, folgt die Veloland-Route der Strasse oder führt geradeaus weiter. Vorwegweiser machen rechtzeitig auf bevorstehende Richtungsänderungen oder Kreuzungen aufmerksam.

INFOPOINTS SCHWEIZMOBIL

An Bahnhöfen oder wichtigen Routenverzweigungen bieten die InfoPoints zusätzlich zu den Wegweisern eine gute Übersicht über das vielfältige Angebot der Veloland-Routen.

VELO UND ÖFFENTLICHER VERKEHR

Alle in diesem Velolandführer beschriebenen Touren sind mit dem ÖV erreichbar. Die folgenden Informationen und Tipps helfen dabei, Velo und ÖV zur idealen Ausflugskombination zu machen. Die Vorteile liegen auf der Hand: Die An- und Heimreise sind umweltfreundlicher und staufrei, die Fahrzeit lässt sich optimal nutzen für eine Unterhaltung, ein Picknick, ein Spiel oder für letzte Planungsgespräche. Ein weiterer Grund: Bei Ermüdung oder Pannen können die Touren meist gut abgekürzt respektive angepasst werden. Reicht die Umsteigezeit? Nehme ich dabei besser den Lift oder die Rolltreppe? Bei der Reise mit dem ÖV gibt es ein paar Herausforderungen zu meistern. Das gilt insbesondere für Gruppen und Familien. Mit einer guten Planung zu Hause lassen sich aber die meisten Stressmomente vermeiden. Sollte es mal nicht auf Anhieb klappen: Ruhe bewahren. Der nächste Zug kommt bestimmt.

Velos können in Fernverkehrszügen, Regionalzügen, der S-Bahn, auf Schiffen und in Bussen vieler lokaler Verkehrsunternehmen im Selbstverlad mitgenommen werden und benötigen ein Velobillett. Zusammengeklappte oder demontierte und in Tragtaschen verpackte Velos gelten als Handgepäck und werden bei genügend Platz kostenlos befördert.

Grundsätzlich ist die Velomitnahme dort erlaubt, wo sie nicht ausdrücklich verboten ist. Diese Informationen finden sich alle im Online-Fahrplan auf SBB.ch. Kinder (6–16 Jahre) können ihr Kinder- oder Windschattenvelo gratis mitnehmen, wenn sie von ihren Eltern oder einer anderen erwachsenen Person begleitet werden.

SBB: **sbb.ch**
BLS: **bls.ch**
Berner Oberland-Bahn: **jungfraubahn.ch**
Zentralbahn: **zentralbahn.ch**
ASM: **aare-seeland-mobil.ch**
Chemins de fer du Jura: **les-cj.ch**

Auf dem gesamten Bahnhofareal – das heisst konkret auf Perrons, Rampen, Treppen, in Hallen, Passagen und Unterführungen sowie Überführungen – gilt ein Fahrverbot für Fahrzeuge aller Art, wie zum Beispiel Fahrräder, Trottinette und Skateboards. Auch sollten Velos nicht unbeaufsichtigt und über längere Zeit auf dem Perron abgestellt werden.

ALLGEMEINE TIPPS

- An Wochentagen sind die Züge ausserhalb der Stosszeiten weniger voll. An Wochenenden sind tendenziell mehr Leute mit Velos unterwegs.
- Regionalzüge bieten oft mehr Platz als die meisten Fernverkehrszüge – und fast immer auch einen Niederflureinstieg.
- An den Bahnhöfen genügend Umsteigezeit einberechnen (z.B. wegen Liften oder Treppen an Bahnhöfen).

PREISE VELOSELBSTVERLAD

Velo-Tageskarte .... CHF 15.–
Kurzstrecken-Billette für Velos:
½ Billett 2. Klasse lösen

Velo-Pass............................ CHF 260.–
1 Jahr gültig, nicht übertragbar
Velos für Jugendliche unter 16 Jahren können gratis mitgenommen werden, wenn eines dieser Abos / Billette vorhanden sind: Junior-Karte, Kinder-Mitfahrkarte, GA Kind oder Familie, STS-Familienkarte. Die Veloreservation muss hingegen trotzdem getätigt werden. Velos für Kinder unter 6 Jahren und Veloanhänger gelten als Handgepäck. Man benötigt dafür weder einen Fahrausweis noch eine Reservation.

RESERVATION

Zwischen dem 21. März und 31. Oktober besteht auf allen InterCity-Zügen eine Reservationspflicht für CHF 2.– pro Velo und Reisestrecke:

- Täglich durch den Gotthard Basistunnel (Linie IC2/21: Basel/Zürich–Tessin)
- Täglich entlang des Jura-Südfusses (Linie IC5/51: Basel–Biel/Bienne, Rorschach / Zürich–Biel / Bienne–Lausanne/Genève).
- Von Freitag bis Sonntag sowie an Feiertagen (Karfreitag, Ostermontag, Auffahrt, Pfingstmontag und 1. August) auf allen weiteren InterCity-Linien.

In internationalen Zügen besteht das ganze Jahr über eine Reservationspflicht (EuroCity EC, Intercity-Express ICE, InterCity IC und Railjet RJX innerhalb der Schweiz). Strecken, bei denen eine Reservation erforderlich ist, sind im Fahrplan mit dem Velosymbol mit R gekennzeichnet. Veloreservationen können für alle Züge innerhalb der Schweiz auf SBB.ch, mit der App SBB Mobile sowie am Schalter oder telefonisch (mind. 3 Werktage für Versand) getätigt werden.

Auf SBB.ch und in der App SBB Mobile können mit dem Stift-Symbol eines oder mehrere Velos angewählt werden und es werden automatisch das richtige Billett sowie allfällig benötigte Reservationen vorgeschlagen.

VELO UND POSTAUTO

Sofern genügend Platz vorhanden ist, werden Velos transportiert. In den Sommermonaten verkehren die Postautos in touristischen Gebieten mit Veloträgern am Fahrzeugheck. Die Velotageskarte und der Velo-Pass (GA) gelten auf dem gesamten Postauto-Netz. Kurzstreckenbillette können direkt im Postauto oder auf SBB.ch oder in der App SBB Mobile gekauft werden. Auf gewissen Linien gilt eine Reservationspflicht, insbesondere in den Kantonen Graubünden und Wallis. **www.postauto.ch/de/velo**

VELO UND SCHIFF

Schifffahrt Aare, Bielersee und Drei-Seen-Fahrt: Velos an Bord sind willkommen, wenn es die jeweiligen Platzverhältnisse erlauben. Preise: von Station zu Station CHF 5.–, Tageskarte CHF 8.–. **www.bielersee.ch**

Thuner- und Brienzersee: Velos an Bord sind willkommen, wenn es die jeweiligen Platzverhältnisse erlauben. Preise: 1/2 Billett Preis, jedoch höchstens CHF 8.– (Tageskarte), der Velo-Pass und die Velo-Tageskarte sind gültig.
www.bls.ch/schifffahrt

VELOVERSAND

Nach dem Ausflug kann das Velo direkt nach Hause oder an den nächstgelegenen Bahnhof geschickt werden. So wird die Heimreise mit leichtem Gepäck angetreten. Wer sein Velo bis zum Schalterschluss für den Versand aufgibt, kann es bereits am Morgen des übernächsten Tages wieder abholen. Dieser Service ist natürlich auch vor dem Ausflug, also für den Veloversand an den Startpunkt, möglich.

DER FAHRPLAN

Ob in der SBB Mobile App oder am Computer – beim angezeigten Fahrplan können unter «Einstellungen» diverse nützliche Suchkriterien angewählt werden:

- Die velofreundlichen Verbindungen
- Suche auf bestimmte Verkehrsmittel eingrenzen
- Umsteigezeiten auf Bedürfnisse einstellen

Die Umsteigezeiten sind auf das Fussvolk optimiert. Lassen wir uns dadurch nicht abschrecken. Sind die Ankunftszeiten pünktlich und warten Züge allenfalls die Anschlüsse ab, verläuft das Umsteigen in der Regel problemlos. Wählt man im Fahrplan die gewünschte Verbindung an, präsentieren sich sehr nützliche, weiterführende Informationen zur Zugsreise. Damit kann das Ein- und Umsteigen optimal geplant werden.

- In welchen Sektoren steht die Zugformation?
- In welchem Sektor befinden sich die Wagen zum Velotransport?
- Ist es eine Zugskomposition mit Niederflureinstieg?
- Bei welchen Wagennummern ist eine Reservation nötig?

VELOSERVICE

Noch ein Bremsservice vor der Abfahrt? Ein platter Pneu? Sollte doch noch ein Defekt die Abfahrt verhindern, stehen an Werktagen diverse Fahrradfachgeschäfte mit Rat und Tat zur Seite. Die im Tourenbeschrieb aufgeführten Betriebe sind eine Auswahl, beschränkt auf die Fachgeschäfte am Startpunkt, sofern welche dort vorhanden sind.

SchweizMobil führt eine Partnerschaft mit dem Dachverband des schweizerischen Zweiradgewerbes 2Rad Schweiz. Die Fahrradfachgeschäfte, welche Mitglied des Verbands sind, können alle auf der Karte von SchweizMobil angezeigt werden.

TIPPS FÜRS VELO

Idealerweise erfolgt die Kontrolle der Fahrtüchtigkeit des Fahrrads zu Hause vor der Abreise. Mit aufgepumpten Reifen fährt es sich leichter. Überprüfe auch die Bremsen. Stelle den Sattel so ein, dass du mit den Füssen sitzenderweise knapp den Boden erreichst. Besonders bei Kindern ist ein Neueinstellen öfters notwendig. Sollte es einmal spät werden, ist ein funktionierendes Licht notwendig. Ein Velo-Reparaturset für platte Reifen und ein Ersatzschlauch können gute Dienste tun. Veloanhänger, Schattenvelo, Tandemstange, Abschleppseil – die Möglichkeiten, auch jüngere Kinder auf die Tour mitzunehmen, sind vielfältig. Eine generelle Empfehlung ist hier nicht möglich, weil die Wahl von verschiedenen Kriterien abhängt: Alter des Kindes, Häufigkeit der Verwendung, Budget. Je umfangreicher das Material, desto anspruchsvoller ist die Reise mit dem ÖV.

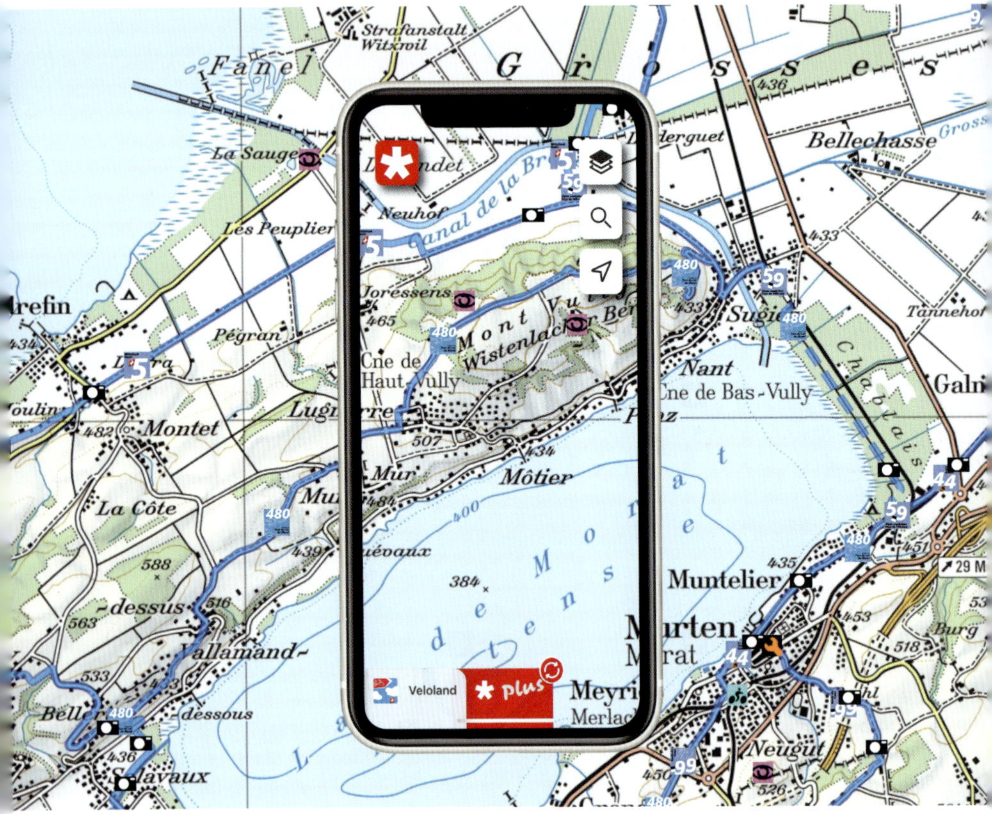

DIE APP SCHWEIZMOBIL, IHR BEGLEITER UNTERWEGS

Die kostenlose App SchweizMobil ist die ideale Begleitung für unterwegs. Sie bietet Zugang zu 37 000 Kilometern signalisierten Routen, davon 12 000 für das Velofahren. Es ist die unverzichtbare Standard-App für alle, die die Schweiz in ihren schönsten Facetten entdecken möchten:

- Landeskarten von swisstopo bis zum Massstab 1:10 000
- Detaillierte Fotoreportagen und ausführliche Routenbeschreibungen
- Inspiration für jede Saison: 700 Routen für Winter-Aktivitäten
- Direkte Verknüpfung zum SBB-Fahrplan
- Zusatzinformationen zu Übernachtungsmöglichkeiten, Sehenswürdigkeiten und Veloservice- und Velomietstationen sowie aktuelle Sperrungen und Umleitungen
- Standortbestimmung und Kompassfunktion

Das Abonnement von SchweizMobil Plus bietet zusätzliche Funktionen für Ihre Tourenplanung:

- Eigene Touren zeichnen
- Karten offline speichern und ohne Netzempfang nutzen
- Touren aufzeichnen mit Angaben wie Distanz, Höhenmeter und Unterwegszeit
- GPX-Tracks importieren und exportieren

Weitere Informationen unter www.schweizmobil.ch

WIR HEISSEN SIE WILLKOMMEN

Viele Hotels, Campingplätze, Privatzimmer, Jugendherbergen und Bauernhöfe haben das Qualitätslabel der Stiftung SchweizMobil erhalten. Sie haben sich dafür verpflichtet, auf die Wünsche der Veloreisenden in besonderem Masse einzugehen:

- Übernachtung auch für eine Nacht
- Verschliessbarer und abgedeckter Raum zur Aufbewahrung der Velos über Nacht (Ausnahme Campings)
- Velo-Reparaturset (gute Standpumpe, Schlauchflickzeug, Pneuheber, diverse Gabel- und Inbusschlüssel)

Velofreundliche Betriebe lassen sich auf der Karte von SchweizMobil anzeigen. Vor Ort erkennen Sie diese am Qualitätslabel SchweizMobil.

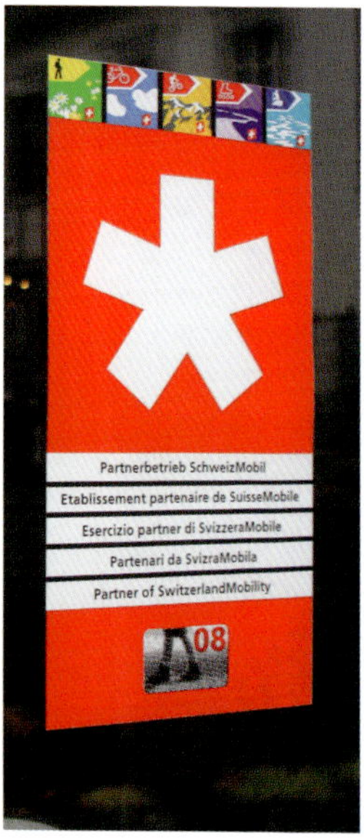

VELOREISEN OHNE GEPÄCK

Als offizieller Partner von SchweizMobil organisiert Eurotrek Veloreisen in der ganzen Schweiz. Landesweit profitieren Sie von unserem Gepäckservice, der es Ihnen ermöglicht, alle Routen von Veloland Schweiz ohne schweren Rucksack zu entdecken.

Neben dem Gepäcktransport umfasst Ihre Buchung bei Eurotrek die Reservation aller Unterkünfte, detaillierte Reiseunterlagen und Sonderleistungen entlang der Strecke. Bei Fragen und Problemen unterwegs sind wir auch am Wochenende für Sie erreichbar.

Buchungen können Sie während der Sommermonate auch kurzfristig tätigen. Nehmen Sie mit uns Kontakt auf, wir freuen uns, Ihre Reise im Veloland von SchweizMobil für Sie zu organisieren!

KONTAKT

Eurotrek AG
Lerzenstrasse 21
8953 Dietikon
044 316 10 00
eurotrek@eurotrek.ch
www.eurotrek.ch

Jura Route

GUT ZU WISSEN

Die Tour durch den hügeligen, manchmal rauen Jura fordert von den Velofahrenden etwas Kraft und Ausdauer. Die Jura-Route ist auch für Familien mit grösseren Kindern geeignet. Die Veloreise wird viel angenehmer, wenn Sie nicht zu lange Tagesetappen planen. Insbesondere die längeren Aufstiege sind in die Reisezeit einzurechnen. Einige dieser Aufstiege können auch mit dem Postauto oder mit der Bahn überwunden werden.

JURA-ROUTE

Die Jura-Route führt Sie durch geheimnisvolle Landschaften, einsame, tannenbestandene Hochebenen und stille Täler mit quirligen Bächen. Von Basel bis nach Nyon am Genfersee erleben Sie auf 280 Kilometern die besondere Stimmung dieser einmaligen Route abseits der Hektik des Alltags und werden bald vertraut mit den Freiberger Pferden, die das freie Leben in der weiten Jura-Landschaft geniessen.

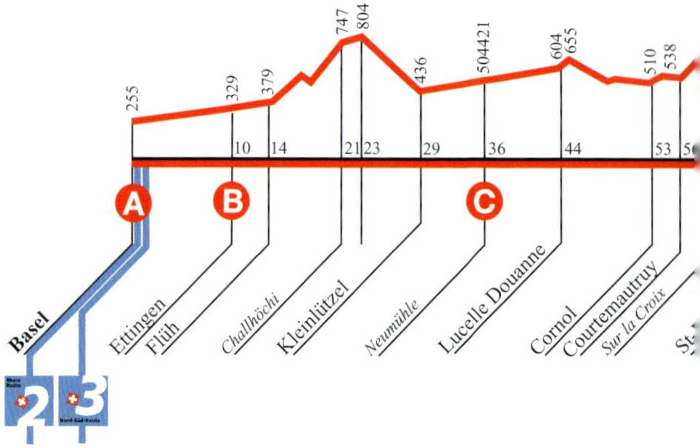
255
329
379
747
804
436
504421
604
655
510
538
10
14
21
23
29
36
44
53
A
B
C
Basel
Ettingen
Flüh
Challhöchi
Kleinlützel
Neumühle
Lucelle Douanne
Cornol
Courtemautruy
Sur la Croix
2
3

1040
1015
1248
1148
1086
1011
1106
1156
1032
1009
1016
1090
750
741
770
1038
102
107
111
118
122
128
135
138
147
150
153
157
166
170
176
E
F
G
H
Les Breuleux
Cerneux-Veusil-Dessus
Mont Soleil
Les Pruats
La Cibourg
La Chaux-de-Fonds
Le Locle, 4 km
Entre-deux-Monts
La Sagne
Les Ponts-de-Martel
Martel-Dernier
Crêt Pellaton
Travers
Fleurier
Buttes
La Côte-aux-Fées
Ste-Croix, 4 km

820
970
1000
955
978
1040
1015
1248
1148
1086
1011
1106
1156
1032
58
74
80
87
92
102
107
111
118
122
128
135
138
D
E
F
Milieu
Brais
Les Enfers
Saignelégier
Les Breuleux
Cerneux-Veusil-Dessus
Mont Soleil
Les Pruats
La Cibourg
La Chaux-de-Fonds
Entre-deux-Monts
La Sagne
Le Locle, 4 km

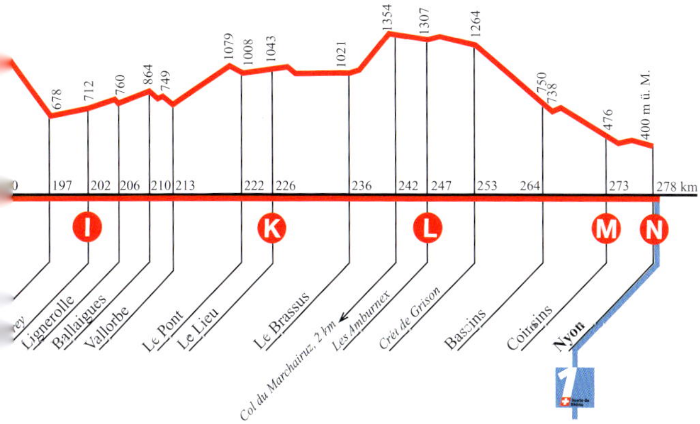

678
712
760
864
749
1079
1008
1043
1021
1354
1307
1264
750
738
476
400 m ü. M.
197
202
206
210
213
222
226
236
242
247
253
264
273
278 km
I
K
L
M
N
Lignerolle
Ballaigues
Vallorbe
Le Pont
Le Lieu
Le Brassus
Col du Marchairuz, 2 km
Les Amburnex
Crêt de Grison
Bassins
Coinsins
Nyon
1

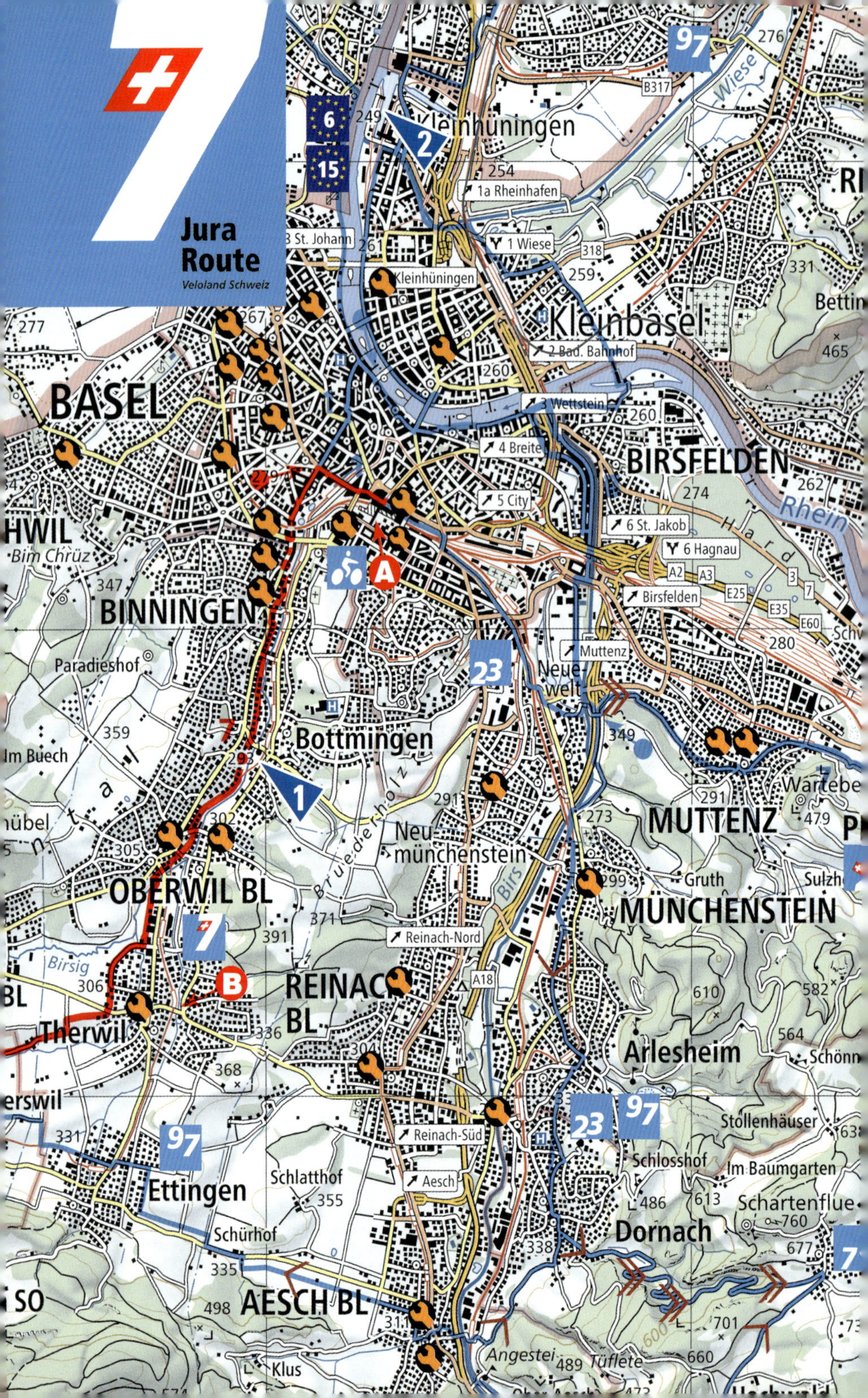
7
Jura Route
Veloland Schweiz
Kleinhüningen
1a Rheinhafen
1 Wiese
3 St. Johann
Kleinbasel
2 Bad. Bahnhof
3 Wettstein
4 Breite
5 City
6 St. Jakob
6 Hagnau
Birsfelden
Muttenz
BASEL
BIRSFELDEN
Rhein
Wiese
HWIL
Bim Chrüz
BINNINGEN
Paradieshof
Bottmingen
Im Buech
Neu-
welt
Neu-
münchenstein
Bruederholz
MUTTENZ
Gruth
MÜNCHENSTEIN
OBERWIL BL
Birsig
Birs
Reinach-Nord
REINACH
BL
Therwil
Arlesheim
Reinach-Süd
Aesch
Stollenhäuser
Schlosshof
Im Baumgarten
Schartenflue
Schlatthof
Ettingen
Schürhof
Dornach
AESCH BL
Klus
Angestei
Tüflete
A
B
23
97
6
15
1
2
A18
B317
A2
A3
E25
E35
E60

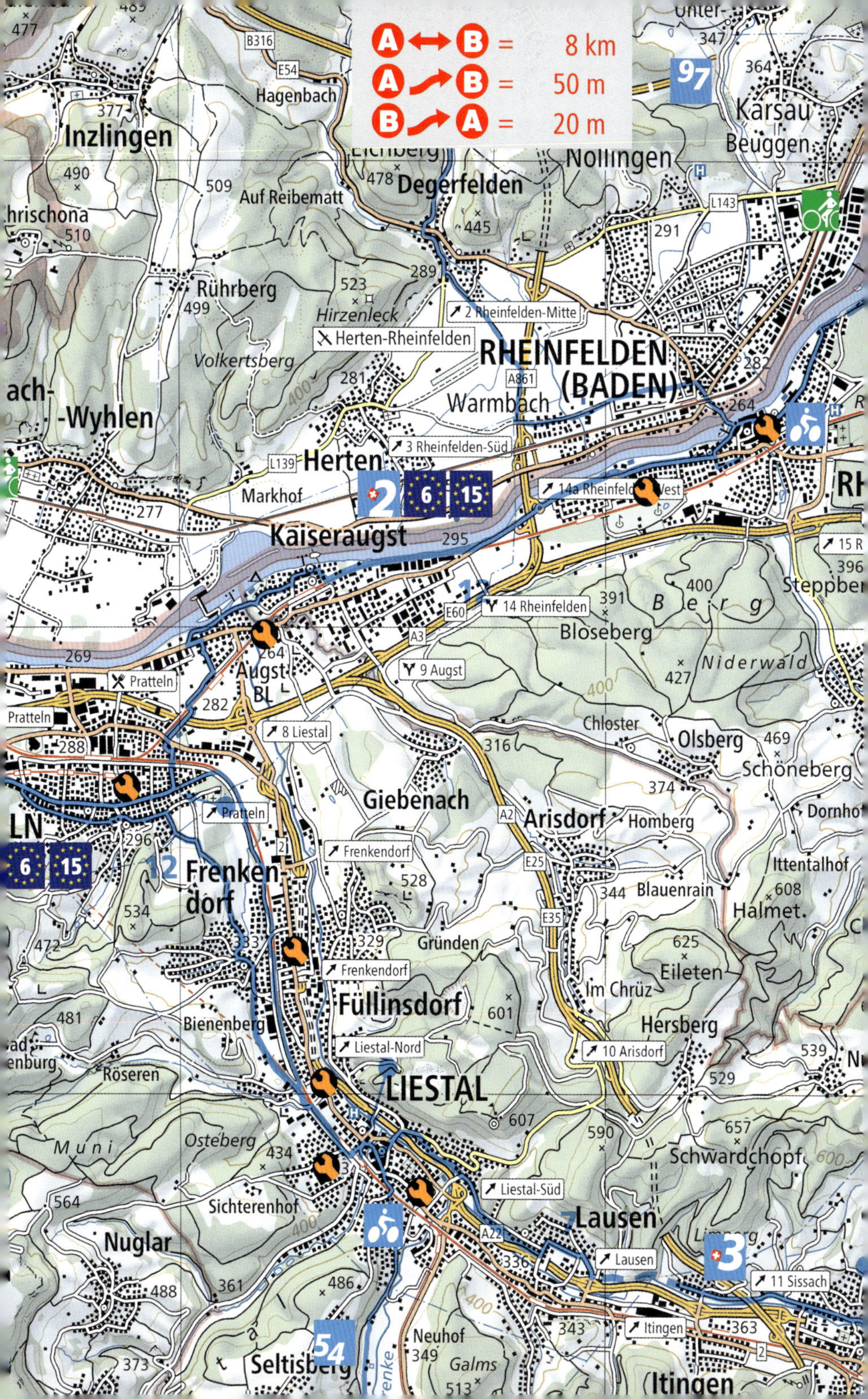
A ↔ B = 8 km
A ↗ B = 50 m
B ↗ A = 20 m
Inzlingen
Hagenbach
Degerfelden
Nollingen
Karsau
Beuggen
Auf Reibematt
Rührberg
Hirzenleck
Herten-Rheinfelden
2 Rheinfelden-Mitte
RHEINFELDEN (BADEN)
Warmbach
Volkertsberg
Wyhlen
Herten
3 Rheinfelden-Süd
Markhof
Kaiseraugst
14a Rheinfelden-West
15 R
Steppberg
14 Rheinfelden
Bloseberg
Berg
Niderwald
9 Augst
Augst BL
Pratteln
8 Liestal
Chloster
Olsberg
Schöneberg
Giebenach
Arisdorf
Homberg
Dornhof
Ittentalhof
Halmet.
Blauenrain
Frenkendorf
Frenkendorf
Gründen
Eileten
Im Chrüz
Füllinsdorf
Hersberg
Bienenberg
Liestal-Nord
10 Arisdorf
Röseren
LIESTAL
Muni
Osteberg
Schwardchopf
Liestal-Süd
Sichterenhof
Lausen
Lausen
11 Sissach
Nuglar
Itingen
Neuhof
Galms
Seltisberg
Itingen
B316
E54
L143
A861
L139
E60
A3
A2
E25
E35
A22
97
2
6
15
12
3
54

Das im 13. Jh. erbaute und im 18. Jh. nach französischem Geschmack umgewandelte **Bottminger Weiherschloss** war einst Wohnsitz von fürstbischöflichen Dienstleuten. Heute ist es ein edles Restaurant und gehört dem Kanton Basel-Landschaft.

Der erste grosse Rheinschleppzug erreichte Basel 1904. Heute sind die **Rheinhäfen** Hauptumschlagplätze für Massengüter wie Getreide, Erdöl oder Kohle. Das emsige Treiben ist vom Dreiländereck aus gut zu beobachten.

Im Basler Zoo können Sie **Tiergemeinschaften** beobachten: Javaneraffen diskutieren die Rangordnung, ein Löwenbub liegt dem Vater auf der Mähne, Strausse, Zebras und Flusspferde proben in der Afrikaanlage «schrankenloses» Zusammenleben.

In Basel befindet sich die weltweit grösste Werksammlung Jean Tinguelys. Das **Museum Tinguely** sucht den Dialog mit anderen Kunstformen und Wissenschaften und verspricht ein interaktives, alle Sinne ansprechendes Museumserlebnis.

BASEL: DAS TOR ZUM JURA

Die drittgrösste Stadt der Schweiz entwickelte sich dank ihrer günstigen geografischen Lage mitten in Europa an der Grenze zu Deutschland und Frankreich zu einem bedeutenden Handels- und Industriezentrum. Als Messeplatz und Standort der chemischen Industrie besitzt Basel internationale Bedeutung. Dank seiner verkehrsgünstigen Lage, mit dem Rheinhafen als wichtigem Güterumschlagplatz, wird Basel auch das Goldene Tor der Schweiz genannt. In dieser Stadt hat Kultur Tradition. 1460 wurde hier die erste Universität der Schweiz gegründet. Einige berühmte Köpfe wirkten hier: der Humanist Erasmus v. Rotterdam, die Mathematiker Leonhard Euler und die Bernoullis, der Historiker Jacob Burckhardt sowie die Philosophen Friedrich Nietzsche und Karl Jaspers. Das kulturelle Angebot von Basel – seine zahlreichen Museen und die bekannten Theater – ist eines der dichtesten in Europa. Zu den bedeutenden Museen gehören das Kunstmuseum, das Museum für Gegenwartskunst, das Naturhistorische Museum, das Antikenmuseum mit der Sammlung Ludwig, das Museum der Kulturen sowie das Historische Museum. Zudem gibt es zahlreiche kleinere Museen und Sammlungen wie das Sportmuseum, u. a. mit einer reichhaltigen Velosammlung, das Cartoonmuseum oder die Papiermühle, wo heute noch von Hand Papier geschöpft wird. Sehenswert sind die Altstadt mit dem «roten» Münster aus dem 12. und 15. Jahrhundert, das Rathaus mit den grossartigen Fassadenmalereien aus dem 17. Jahrhundert und die Stadttore als Teil der ehemaligen Stadtbefestigung sowie der für seine Zuchterfolge berühmte Zoologische Garten, der bereits vor über 100 Jahren gegründet wurde.

Basel Tourismus
Aeschenvorstadt 36, 4010 Basel
✆ 061 268 68 68, www.basel.com

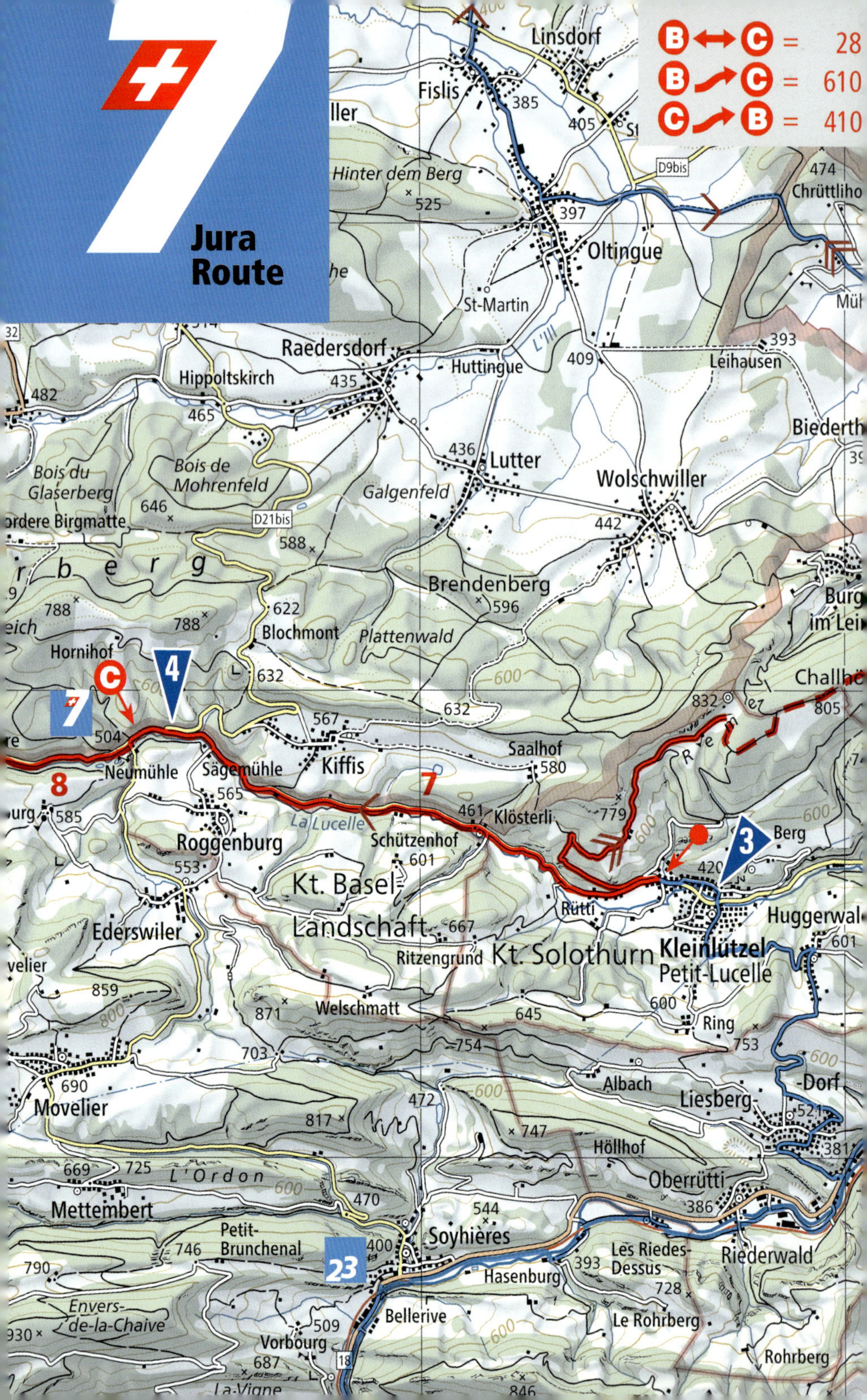
7
Jura
Route
B ↔ C = 28
B ↗ C = 610
C ↗ B = 410
Linsdorf
Fislis
385
405
Hinter dem Berg
525
D9bis
474
Chrüttliho
397
Oltingue
St-Martin
L'Ill
409
393
Leihausen
Raedersdorf
Hippoltskirch
435
Huttingue
482
465
Biederth
436
Lutter
Bois du
Glaserberg
Bois de
Mohrenfeld
Galgenfeld
Wolschwiller
646
ordere Birgmatte
D21bis
442
588
Brendenberg
596
Burg
im Lei
788
788
622
Blochmont
Plattenwald
Hornihof
632
600
Challhö
C
4
7
632
832
805
504
567
Saalhof
Neumühle
Sägemühle
Kiffis
580
8
7
565
585
La Lucelle
461
Klösterli
779
600
Roggenburg
Schützenhof
3
Berg
553
601
420
Kt. Basel-
Landschaft
667
Rütti
Huggerwal
Ederswiler
Ritzengrund
Kt. Solothurn
Kleinlützel
Petit-Lucelle
601
velier
859
600
871
Welschmatt
645
Ring
753
800
754
703
Albach
Liesberg-
-Dorf
690
Movelier
472
600
817
747
521
Höllhof
381
669
725
L'Ordon
Oberrütti
600
470
544
386
Mettembert
Petit-
Brunchenal
746
400
Soyhières
Les Riedes-
Dessus
Riederwald
23
790
393
Hasenburg
728
Envers-
de-la-Chaive
Bellerive
Le Rohrberg
930
509
Vorbourg
600
687
18
Rohrberg
La-Vigne
846

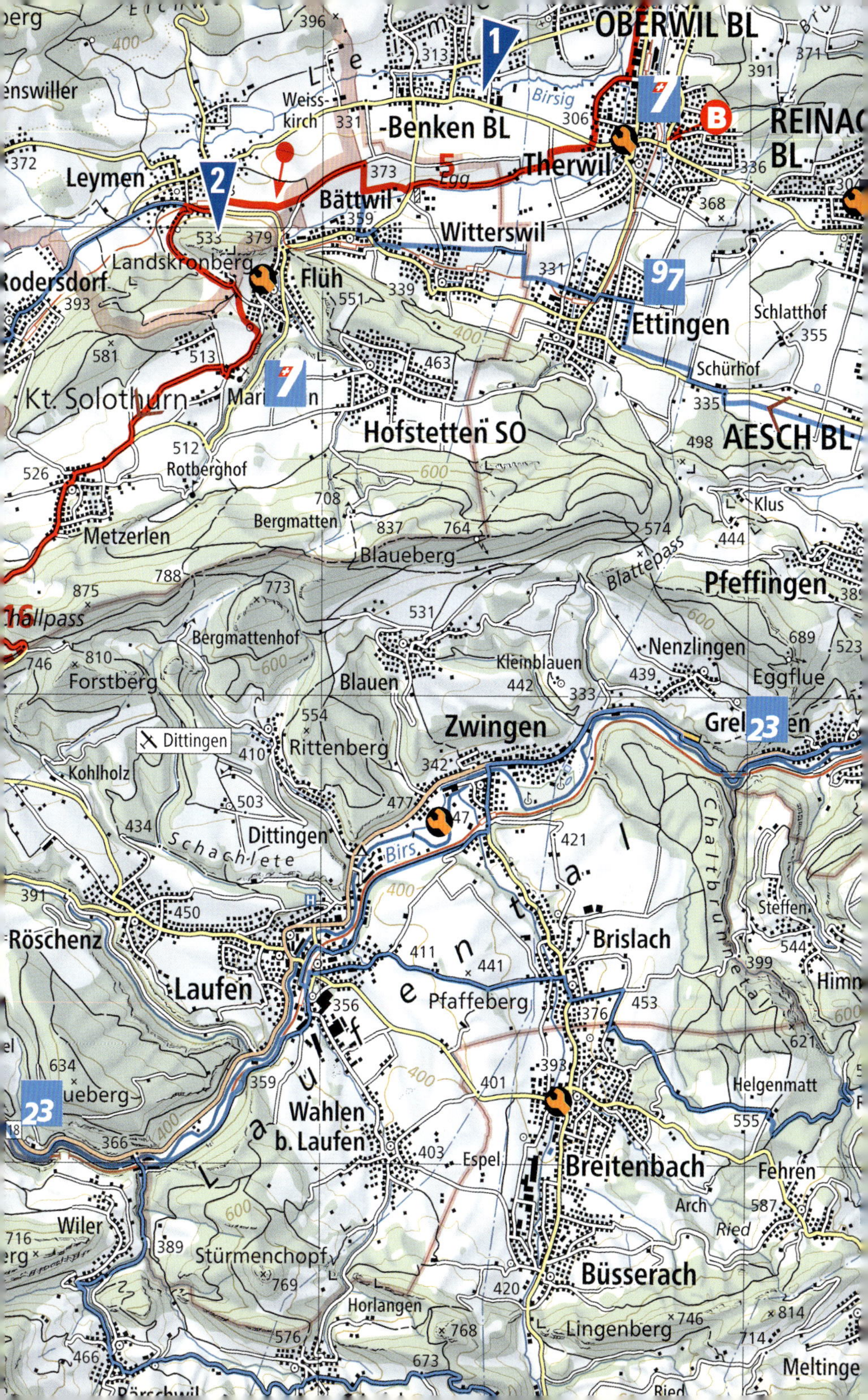

OBERWIL BL
REINACH BL
Benken BL
Therwil
Leymen
Bättwil
Witterswil
Rodersdorf
Landskronberg
Flüh
Ettingen
Schlatthof
Schürhof
Kt. Solothurn
Mariastein
Hofstetten SO
AESCH BL
Rotberghof
Metzerlen
Bergmatten
Blaueberg
Klus
Pfeffingen
Blattepass
Bergmattenhof
Nenzlingen
Eggflue
Forstberg
Blauen
Kleinblauen
Zwingen
Grellingen
Dittingen
Rittenberg
Kohlholz
Schachlete
Birs
Chaltbrunnetal
Röschenz
Laufen
Laufental
Brislach
Steffen
Pfaffeberg
Helgenmatt
Wahlen b. Laufen
Espel
Breitenbach
Fehren
Arch
Ried
Wiler
Stürmenchopf
Büsserach
Horlangen
Lingenberg
Meltingen
Birsig
Egg
Weisskirch
Leimental

Das von der Birsig durchflossene Leimental verdankt seinen Namen dem in dieser Gegend häufig **vorkommenden Lehm,** der in der lokalen Mundart Leim heisst.

Die 1250 erbaute Burg wurde später zur Festung ausgebaut und teils als Gefängnis genutzt, bevor sie 1813 geschleift wurde. Vom Wohnturm der **Ruine Landskron** aus haben Sie einen guten Ausblick über das Leimental und die Region Basel.

In Kleinlützel übt die Drechslerei Stich AG noch das traditionelle Handwerk der **Pfeifen- und Stockherstellung** aus. Auf Voranmeldung werden Ihnen in der traditionsreichen Fabrik exklusive Tabakpfeifen und Wanderstöcke gezeigt (Telefon 061 771 06 02).

Im **Lützeltal** stehen warme Südhänge im Kontrast zur kühlen Talaue, in der die Lützel ihre Schlaufen zieht. Die seit dem Zweiten Weltkrieg als Internationale Strasse benannte Strecke verläuft entlang dem französischen Ufer der Lützel.

LEIMEN- UND LÜTZELTAL: GRENZLAND ZUM ELSASS

Eine veritable Grenztour ist die Fahrt von Basel in den Kanton Jura. Stets hart an der Landesgrenze zu Frankreich, überqueren Sie auf diesem nur 30 Kilometer langen Abschnitt fünf Kantonsgrenzen, weil das Gebiet – einst im Besitz des Bischofs von Basel – zu Beginn des 19. Jahrhunderts zwischen den Kantonen Basel, Bern und Solothurn aufgeteilt wurde. Heute bilden das hintere Leimental und die Gemeinde Kleinlützel zwei solothurnische Exklaven, die im Süden vom Kanton Basel-Landschaft, im Norden von Frankreich umgeben sind. Zum Glück haben diese Grenzen ihre trennende Wirkung verloren. Heute können Sie mit dem Tram (Strassenbahn), das die Stadt Basel mit den Leimental-Gemeinden in den Kantonen Basel-Landschaft und Solothurn verbindet, direkt nach Frankreich fahren!
Unterwegs zum Jura präsentiert sich Ihnen eine abwechslungsreiche Landschaft. Fruchtbare Böden mit Acker- und Obstbau prägen das Leimental. Still und romantisch ist die Fahrt entlang der bewaldeten Lützel. Das benachbarte Elsass, eine sanfte Hügellandschaft mit historischen Fachwerkdörfern, wartet mit einer ausgezeichneten Küche auf.

MARIASTEIN: KLOSTER UND WALLFAHRTSORT

An der Stelle der heutigen Klosterkirche soll der Legende nach ein Kind beim Sturz über einen Felsen dank der Fürsorge Marias unversehrt geblieben sein. Daraus entwickelte sich seit Ende des 14. Jahrhunderts eine Wallfahrtsbewegung zu Ehren Marias. Mariastein ist heute nach Einsiedeln der meistbesuchte Wallfahrtsort der Schweiz. Die Klosterkirche, spätgotisch mit neubarocker Ausstattung, enthält einen vom französischen Sonnenkönig Louis XIV. gespendeten Hochaltar. In der Felsenkapelle, die durch unterirdische Gänge und Treppen zugänglich ist, befindet sich das Gnadenbild der Maria im Stein.

Baselland Tourismus
Altmarktstrasse 96, 4410 Liestal
✆ 061 927 65 44, www.baselland-tourismus.ch

Forum Schwarzbubenland
Bahnhofstrasse 32, 4143 Dornach
✆ 077 511 10 16, www.schwarzbubenland.info

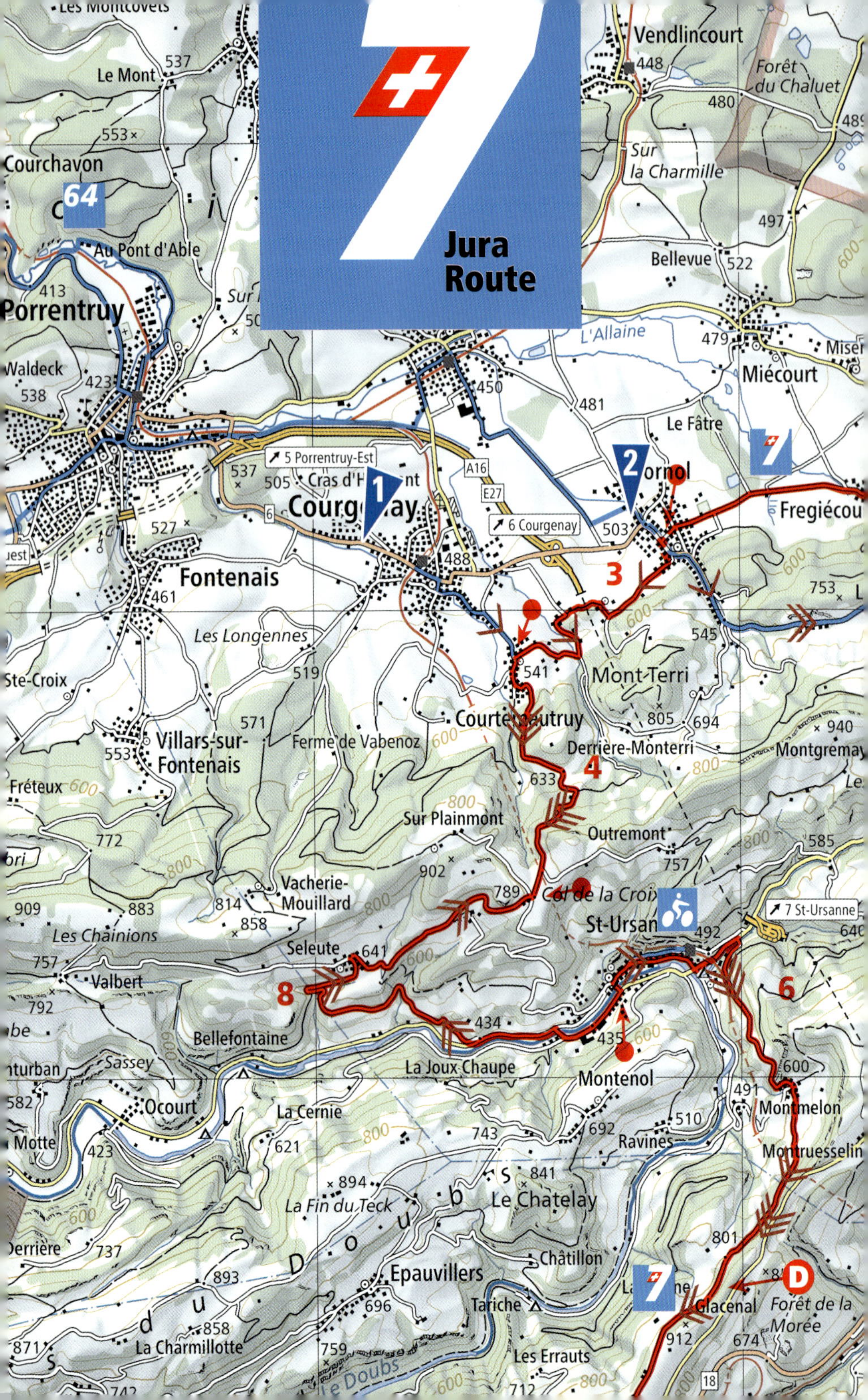
7
Jura
Route
Vendlincourt
Forêt du Chaluet
Sur la Charmille
Bellevue
L'Allaine
Miécourt
Le Fâtre
Cornol
Fregiécou
Le Mont
Courchavon
64
Au Pont d'Able
Porrentruy
Waldeck
5 Porrentruy-Est
Cras d'H
Courgenay
A16
E27
6 Courgenay
Fontenais
Les Longennes
Mont-Terri
Courtemautruy
Ste-Croix
Villars-sur-Fontenais
Ferme de Vabenoz
Derrière-Monterri
Montgremay
Fréteux
Sur Plainmont
Outremont
Vacherie-Mouillard
Col de la Croix
St-Ursanne
7 St-Ursanne
Les Chainions
Seleute
Valbert
Bellefontaine
Sassey
La Joux Chaupe
Montenol
Ocourt
La Cernie
Montmelon
Ravines
Montruesselin
La Fin du Teck
Le Chatelay
Doubs
Châtillon
Epauvillers
Tariche
Glacenal
Forêt de la Morée
La Charmillotte
Les Errauts
Le Doubs
1
2
3
4
6
8
D

C ↔ D = 38 km
C ↗ D = 980 m
D ↗ C = 690 m
Glaserberg
Col du Neuneich
du Glaserberg
Le Grand Kohlberg
Hornihof
St-Pierre
Neumühle
Le Petit Kohlberg
Les Ébourbettes
Neuhof
Fontaine
Le Löwenburg
Rog
D21bisIII
La Selle au Roy
Lucelle
La Lucelle
La Toulière
Charmoille
Ederswiler
Métairie de Bavelier
Lucelle
Le Mécolis
Pleujouse
Pleigne
Movelier
Asuel
La Grangeatte
Bourrignon
Mettembert
Métairie de Forme
Les Plaimbois
Les Ordons
Les Côtes
La Burgisberg
Grand-Brunchenal
Envers-de-la-Chaive
Chésel
Col des Rangiers
La Claude-Chappuis
La Haute-Borne
DELÉMONT
DELSBERG
Montavon
64
Le Domont
Séprais
Lieu-Galet
Develier-Dessus
Les Lavoirs
Develier
A16
E27
Courtemelon
Pré Borbet
Tramont
10 Delémont-Ouest
Boécourt
Chaux
8 Glovelier
9 Bassecourt
Courtételle
23
La Sorne
Glovelier
Bassecourt
Courfaivre
Berlincourt
L'Essert
Rossemaison
Chambion

Die Pierre percée (gelochter Stein) von Courgenay ist ein 5000 Jahre altes Relikt aus der Jungsteinzeit. Die verzierte Kalksteinplatte war Frontstein eines **Dolmengrabes.** Durch das Loch wurden damals die Skelette der Verstorbenen geschoben.

In der Ajoie, der Gegend nördlich des Kettenjuras, herrscht mildes Klima. Die Landschaft ist mit Obstbäumen durchsetzt, an welchen die **Damassine,** eine kleine Pflaumenart, reift. Daraus wird auch ein ausgezeichneter Schnaps gebrannt.

In Cornol werden heute noch Holzschuhe (sabots) aus Erlenholz hergestellt. Im Atelier des **Holzschuhmachers** Gaignat können Sie ihm beim Ausüben seines traditionellen Handwerks zusehen.

Pruntrut oder **Porrentruy** ist die Hauptort der Ajoie. Nördlich des Stadttores Porte de France stossen zwei Bäche zusammen: Die Allaine führt Wasser, die Ajoulote aus dem Westen ist meist trocken, da sie ein unterirdisches Bett bevorzugt.

ST-URSANNE UND DIE SCHLAUFEN DES DOUBS

Der Doubs ist ein geheimnisvoller Jurafluss. Sein Lauf bleibt über lange Strecken tief in der waldreichen, canyonartigen Schlucht verborgen. Diese Lage und das raue Klima liessen den Doubs weitgehend unberührt. Das Aufkommen der Uhrenindustrie führte dazu, dass die Wasserräder der Sägen und Mühlen stillgelegt wurden und der Fluss als Energielieferant wieder in Vergessenheit geriet. An den Schlaufen des Doubs wachsen 900 Pflanzenarten. Neben Flussuferläufern, Wanderfalken, Eisvögeln und den scheuen Mauerläufern sind noch 140 andere Vogelarten hier heimisch. Kaum zu sehen ist die seltene Wildkatze, eher treffen Sie auf Feuersalamander oder Geburtshelferkröten. Im Wasser lebt der Roi du Doubs, ein rötlich gefleckter Grundfisch, der in der Schweiz nur hier vorkommt.

Das abgeschiedene Tal bot niemandem Anreiz zur Besiedlung, ausser Mönchen, welche die Einsamkeit suchten. So errichtete bereits 620 n. Chr. der irische Mönch Ursicinus im stillen Clos du Doubs eine Einsiedelei. Seine Nachfolger gründeten an ihrer Stelle ein Kloster, in dessen Umfeld das Städtchen St-Ursanne entstand. Die spätromanische Stiftskirche ist eines der schönsten Bauwerke der Westschweiz. Es beherbergt ein Lapidarium, eine Sammlung von Architekturrelikten aus der langen Klostergeschichte. Die Kirche mit ihrem reich verzierten Portal und der verträumten Umgebung verleiht dem mittelalterlichen Städtchen seine reizvolle Beschaulichkeit, die sich in einem der gemütlichen Gartenrestaurants geniessen lässt.

Jura Tourisme St-Ursanne
Place Roger Schaffter, 2882 St-Ursanne
✆ 032 432 41 90, www.juratourisme.ch

Jura Tourisme Porrentruy
Rue du 23-Juin 20, 2900 Porrentruy
✆ 032 432 41 80, www.juratourisme.ch

7
Jura Route
D ↔ E = 27 km
D ↗ E = 590 m
E ↗ D = 370 m
Epiquerez
871
Burn
864
ers
780
Le Chaufour
843
Froidevaux
890
Esse
Surmont
Chercen
Fuesse
Soubey
484
Lobchez
476
Les
La Closure
778
Clairbié
481
Les Aleines
La Verrerie de la Caborde
608
487
58
Le Moulin Jeannottat
Cerniévillers
805
Le Plain
Prés de Beaugourd
811
902
950
Malnuit
701
855
Les Enfers
994
Montfaucon
686
Sur le Rang
957
Les Plaimbois
5
929
662
641
Vautenaivre
1031
Gourgouton
La Bosse
Le P
Mont
893
956
Les Pommerats
Le Bémont JU
Les Communances
1016
886
1073
Goumois (Doubs)
Goumois
494
558
958
982
Les Cufattes
982
648
Belfond
Muriaux
991
1025
Les Rouges-Terres
Les
Saignelégier
1079
1013
850
Les Cerlatez
Valoreille
948
La Theurre
4
villers
507
Le Theusseret
1002
1015
Etang de la Gruère
18
1032
9
1075
2
956
Chenevières
Le Chaumont
981
830
Les Emibois
Goule
La Chaux-des-Breuleux
La Chaux-d
972
Le Noirmont
Le Roselet
1053
1014
987
1138
1039
Sur le Crêt
54
Le Peupéquignot
Les Breuleux
Les Vacheries Bruniers
Les Barrières
Les Vacheries
1034
990
1185
1058
Mont-Tramelan

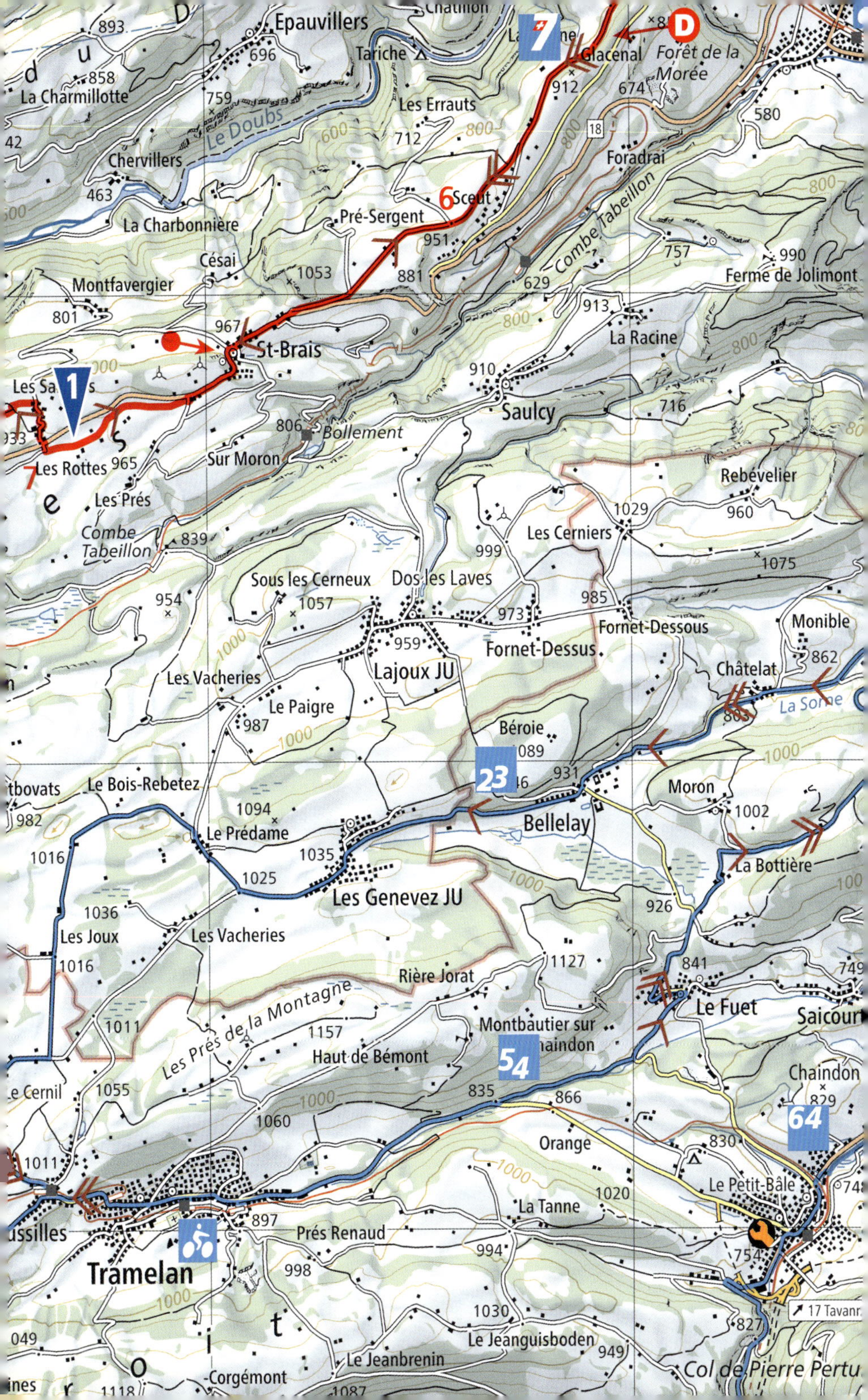

Epauvillers
Chatillon
Tariche
Glacenal
Forêt de la Morée
D
7
La Charmillotte
Le Doubs
Les Errauts
Chervillers
Foradrai
La Charbonnière
Pré-Sergent
Sceut
6
Césai
Combe Tabeillon
Montfavergier
Ferme de Jolimont
St-Brais
La Racine
1
Les Rottes
Saulcy
Bollement
Sur Moron
Les Prés
Rebévelier
Combe Tabeillon
Les Cerniers
Sous les Cerneux
Dos les Laves
Fornet-Dessous
Fornet-Dessus
Monible
Lajoux JU
Châtelat
Les Vacheries
Le Paigre
La Sorne
Béroie
23
Le Bois-Rebetez
Moron
Bellelay
Le Prédame
La Bottière
Les Genevez JU
Les Joux
Les Vacheries
Rière Jorat
Le Fuet
Saicourt
Les Prés de la Montagne
Haut de Bémont
Montbautier sur Chaindon
54
Chaindon
Le Cernil
64
Orange
Le Petit-Bâle
La Tanne
Tramelan
Prés Renaud
17 Tavannes
Le Jeanguisboden
Le Jeanbrenin
Corgémont
Col de Pierre Pertuis

Die Schaukäserei Saignelégier produziert schmackhaften **Tête de Moine.** Bereits im 12. Jh. wurden «Mönchsköpfe» im Kloster Bellelay hergestellt, doch seinen Namen erhielt der Käse um 1800, als das Kloster von den Franzosen zerstört wurde.

Zwischen Montfaucon und St-Brais, beim Weiler Les Rottes, verläuft die Veloroute auf einem historischen Weg aus dem 17. Jh. Der von traditionellen Trockenmauern gesäumte Weg heisst **Chemin du Prince-Evêque** (Fürstbischofweg).

Saignelégier ist berühmt für die Zucht von Freiberger Pferden. In Le Roselet gibt es sogar ein **Altersheim für Pferde.** Hier geniessen die alten Rosse in einer wunderschönen Landschaft ihr Gnadenbrot.

In einem renovierten Bauernhaus in Le Boéchet befindet sich ein Hotel mit Restaurant und dem Museum **Espace Paysan-Horloger.** Es zeigt auf spielerische und interaktive Art die Geschichte und Kultur der in Heimarbeit produzierenden Bauern-Uhrmacher.

PARADIESISCHE FREIBERGE UND SUMPFIGE TEICHE

Die Freiberge (Franches-Montagnes) sind eine prächtige Parklandschaft, wo sich Weideland, Baumgruppen und Waldparzellen zu einem der schönsten Landschaftsbilder der Schweiz formieren. Was Erholungssuchenden als Paradies erscheint, ist für die Landwirte aber ein karger Boden. Denn unter einer dünnen Humusschicht treffen sie auf hartes Kalkgestein. Das Regenwasser versickert rasch im karstigen Untergrund. In den abgelegenen Höfen mit ihren dicken Mauern und weit ausladenden Dächern wird deshalb das wertvolle Regenwasser in Zisternen gesammelt.

Trockene, magere Wiesen und gigantische Schirmtannen prägen die sogenannten Wytweiden, welche in Gemeinbesitz sind. Hier lassen die Bauern ihre Pferde und Kühe weiden. Durch Zäune oder Trockenmauern vom Weidgebiet getrennt sind die Finages, der Eigenbesitz an Wies- und Ackerland. Die Häuser stehen meist auf der Grenze zwischen dem allgemeinen Weideland und eigenen Kulturland. So entstand eine harmonische Abwechslung von Besiedlung und Landschaft.

Dank einer undurchlässigen Tonschicht und des Eingriffs eines früheren Sägereibesitzers, der einen Wasservorrat für seinen Sägereibetrieb anlegte, entstand ein bezaubernder Weiher: der Etang de la Gruère. Zwergbirken und Sumpfföhren säumen das bräunliche Wasser, und Myriaden von Mücken schweben über dem Moorboden. Ein Fussweg führt durch dieses nordisch anmutende Naturschutzgebiet und gibt Einblick in diese trittempfindliche Welt der Moorpflanzen. Eine Ausstellung zum Gebiet finden Sie im Zentrum Les Cerlatez, einen Kilometer weiter in Richtung Saignelégier. Ob in der Sommerhitze, durch herbstlichen Nebelschleier betrachtet oder während der Winterstarre, immer haftet dem stillen Moor ein unbeschreiblicher, gelegentlich auch melancholischer Reiz an.

Jura Tourisme Saignelégier
Rue de la Gruère 6, 2350 Saignelégier
✆ 032 432 41 60, www.juratourisme.ch

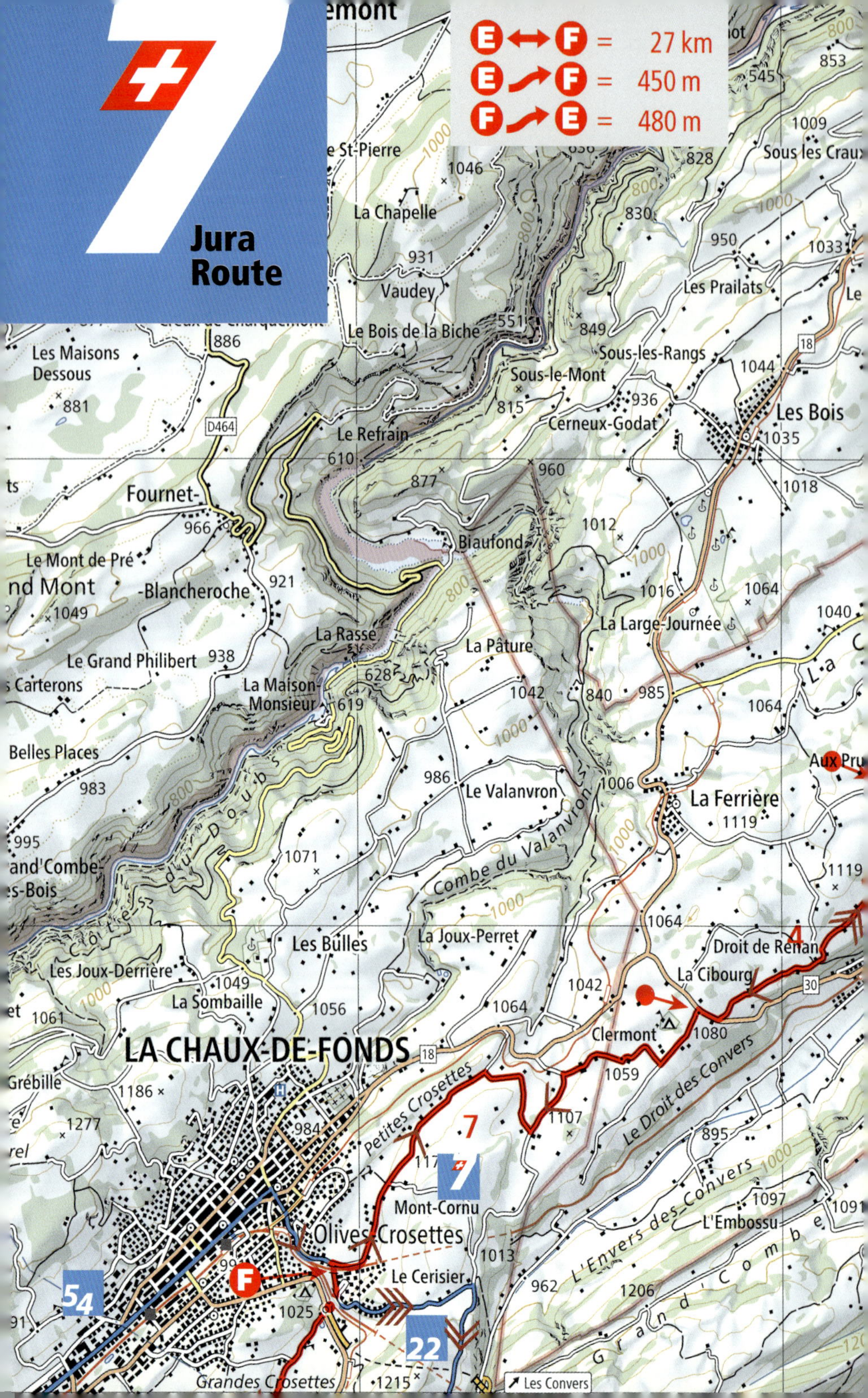

7
Jura Route
E ↔ F = 27 km
E ↗ F = 450 m
F ↗ E = 480 m
St-Pierre
1046
La Chapelle
931
Vaudey
Le Bois de la Biche
551
849
828
830
853
545
1009
Sous les Craux
950
1033
Les Prailats
Sous-les-Rangs
18
1044
Les Bois
1035
1018
886
Les Maisons
Dessous
881
D464
Sous-le-Mont
815
936
Cerneux-Godat
Le Refrain
610
877
960
Fournet-
966
1012
Biaufond
Le Mont de Pré
-Blancheroche
921
1049
1016
1064
La Large-Journée
1040
La Rasse
La Pâture
Le Grand Philibert
938
Carterons
La Maison-
Monsieur
628
619
1042
840
985
1064
Belles Places
983
986
Le Valanvron
1006
La Ferrière
1119
Aux Pru
995
1071
Combe du Valanvron
1119
Côtes du Doubs
Les Bulles
La Joux-Perret
1064
Droit de Renan
4
Les Joux-Derrière
1049
La Cibourg
La Sombaille
1042
30
1061
1056
1064
Clermont
1080
LA CHAUX-DE-FONDS
18
Le Droit des Convers
Grébille
1186
1059
Petites Crosettes
1107
1277
984
7
895
117
Mont-Cornu
L'Envers des Convers
1097
1091
L'Embossu
Olives
Crosettes
1013
Le Cerisier
962
1206
54
F
1025
22
Grand Combe
Grandes Crosettes
1215
Les Convers

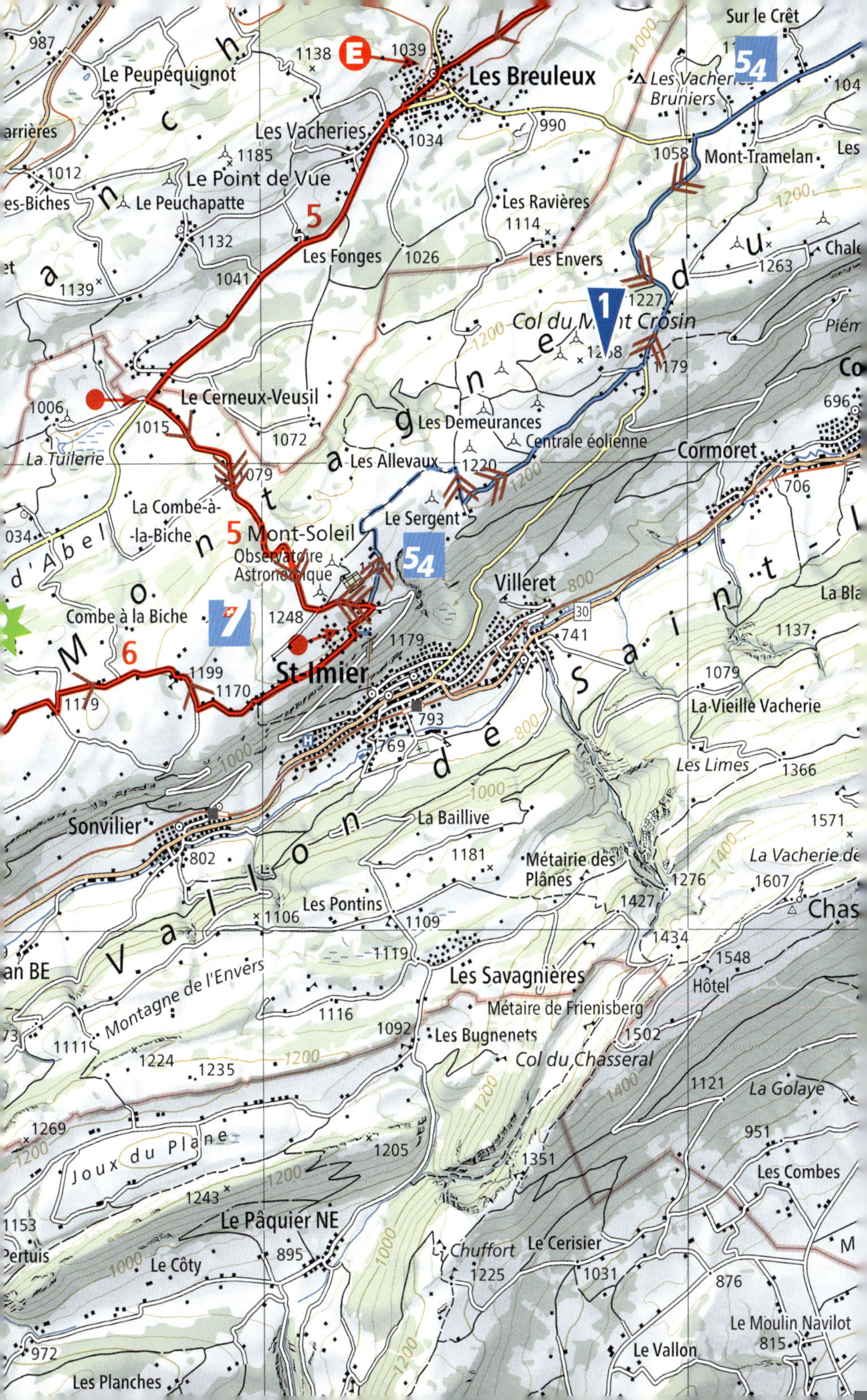
Sur le Crêt
987
1138
1039
Les Breuleux
Le Peupéquignot
Les Vacheries Bruniers
104
arrières
Les Vacheries
1034
990
1185
1058
Mont-Tramelan
1012
Le Point de Vue
es-Biches
Le Peuchapatte
5
Les Ravières
1114
1132
Les Fonges
1026
Les Envers
Chale
1263
1041
1139
1227
Col du Mont Crosin
Piém
1258
1179
1006
Le Cerneux-Veusil
696
1015
1072
Les Demeurances
Centrale éolienne
La Tuilerie
Les Allevaux
1220
Cormoret
1079
706
La Combe-à-la-Biche
Le Sergent
034
Mont-Soleil
Observatoire Astronomique
Villeret
La Bla
Combe à la Biche
1248
741
30
6
1179
1137
St-Imier
1199
1170
1119
1079
793
La Vieille Vacherie
769
Les Limes
1366
Sonvilier
La Baillive
1571
802
1181
Métairie des Plânes
La Vacherie de
1276
1607
1106
Les Pontins
1109
1427
Chas
1434
1119
1548
an BE
Les Savagnières
Hôtel
Montagne de l'Envers
Métaire de Frienisberg
1116
1092
1502
Les Bugnenets
1111
Col du Chasseral
1224
1235
1121
La Golaye
1269
951
Joux du Plane
1205
1351
Les Combes
1243
1153
Le Pâquier NE
Pertuis
Chuffort
Le Cerisier
Le Côty
895
1225
1031
876
Le Moulin Navilot
815
972
Le Vallon
Les Planches
1000
1200
1400
800

Die Unesco würdigte die stolze Uhrenstadt La-Chaux-de-Fonds 2009 für seinen Städtebau. Dieser wurde massgeblich von der Uhrmacherei geprägt. Entdecken Sie im **Uhrenmuseum** die unermessliche Fülle von Objekten, die mit Zeitmessung zu tun haben!

Die Windgeneratoren auf dem Mont Crosin und das Solarkraftwerk auf dem Mont Soleil bilden zusammen das **Zentrum für erneuerbare Energien** und sind mit einem Erlebnispfad verbunden, der über Energie, Natur und Landwirtschaft informiert.

Freiberge: Der Basler Bischof befreite 1384 die Siedler des Hochjuras (Revolutionäre, Hugenotten etc.) von allen Abgaben – unter zwei Bedingungen: Sie mussten ihr Heim in über 1000 m Höhe errichten und durften nicht für ihren Glauben werben.

Wo Wasser in lockeren Kalkschichten versickert und dabei Höhlen auswäscht, bilden sich durch Einstürze trichterförmige Einsenkungen, sogenannte **Dolinen.** Seien Sie also vorsichtig, wenn Sie querfeldein wandern.

LA CHAUX-DE-FONDS: REVOLUTIONÄRER STÄDTEBAU AUF 1000 METERN HÖHE

Hier haben weder Mönche gerodet noch Ritter gestritten, und nie ist eine Kathedrale hier gestanden: Bis ins 17. Jahrhundert war das Hochtal noch bewaldet. Der Weiler von La Chaux-de-Fonds entwickelte sich im 18. Jahrhundert zum Dorf, doch die Entwicklung wurde jäh unterbrochen: Am 5. Mai 1794 zerstörte ein verheerendes Feuer 62 Häuser und die Kirche, 172 Familien wurden obdachlos. Dank einer grossen Solidaritätsbewegung – es gab damals noch keine Versicherungen – konnte rasch mit dem Wiederaufbau der Stadt begonnen werden. Eine Kommission kommandierte den Wiederaufbau, und Ende 1794 standen bereits wieder sieben Häuser, allerdings noch nach altem Muster. Erst der Stadtbauplan, der 1835–1841 vom Ingenieur Charles-Henri Junod entwickelt wurde, führte die grossstädtische, rechtwinklige Gliederung ein. Dabei wurden lange Strassen parallel zum Nordhang gezogen und die Abstände zwischen den Häusern vergrössert. Die Avenue Léopold-Robert wurde zur Hauptschlagader der jungen Stadt und verleiht ihr einen besonderen Reiz. Léopold Robert war ein einheimischer Künstler, dessen Bilder von romantischen Räuberszenen im attraktiven Kunstmuseum zu bewundern sind.

Der weltberühmte Architekt Le Corbusier, der die Stadt 1917 als 30-Jähriger im Zorn verliess, hatte als letztes Werk die Villa Turque für den Uhrenfabrikanten Schwob erbaut. Sie ist heute wieder in Uhrmacherhänden (Ebel). Ein zweiter interessanter Bau steht im Quartier des Forges: das Mietshaus Building 54 der Architekten Mursier und Studer. Es wirkt trotz seiner 110 Meter Länge aufgrund seiner feinen Fassadengestaltung sehr leicht und war 1955, zur Zeit seiner Entstehung, mit 150 Wohnungen das grösste Mietshaus der Schweiz.

Jura bernois Tourisme
Avenue de la Gare 9, 2740 Moutier
✆ 032 494 53 43, www.jurabernois.ch

Tourisme neuchâtelois
Hôtel des Postes, 2001 Neuchâtel
✆ 032 889 68 90, www.neuchateltourisme.ch

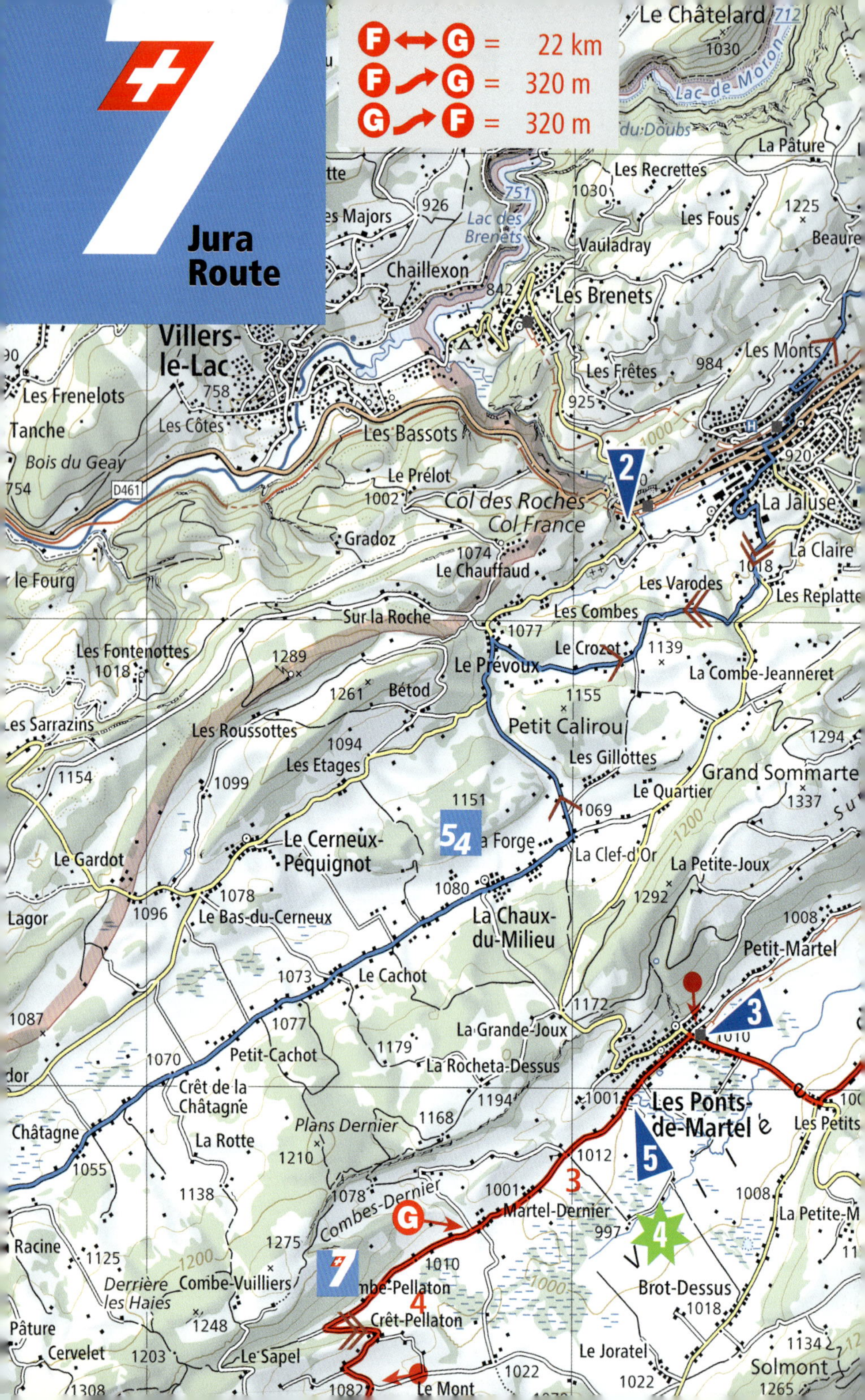

7
Jura Route
F ↔ G = 22 km
F ↗ G = 320 m
G ↗ F = 320 m
Le Châtelard
712
1030
Lac de Moron
du Doubs
La Pâture
Les Recrettes
1030
1225
Les Fous
Beaure
es Majors
926
751
Lac des Brenets
Vauladray
Chaillexon
842
Les Brenets
Les Monts
Villers-le-Lac
Les Frêtes
984
758
Les Frenelots
Tanche
Les Côtes
925
Les Bassots
1000
920
Bois du Geay
754
D461
Le Prélot
1002
Col des Roches
Col France
La Jaluse
2
La Claire
Gradoz
1074
Le Chauffaud
1018
Les Varodes
Les Replatte
le Fourg
Sur la Roche
Les Combes
1077
Les Fontenottes
1289
Le Crozot
1139
1018
Le Prévoux
La Combe-Jeanneret
1261
Bétod
1155
Les Sarrazins
Les Roussottes
Petit Calirou
1294
1094
Les Gillottes
Les Etages
Grand Sommartel
1154
1099
Le Quartier
1337
1151
1069
Le Cerneux-Péquignot
54
La Forge
La Clef-d'Or
1200
La Petite-Joux
Le Gardot
1080
1292
1078
La Chaux-du-Milieu
1008
1096
Le Bas-du-Cerneux
Lagor
Petit-Martel
1073
Le Cachot
1172
3
1087
1077
La Grande-Joux
1010
Petit-Cachot
1179
La Rocheta-Dessus
1070
Crêt de la Châtagne
1194
1001
Les Ponts-de-Martel
Les Petits
Châtagne
Plans Dernier
1168
La Rotte
1210
1012
5
1055
1138
1078
Combes-Dernier
1001
3
1008
La Petite-M
G
Martel-Dernier
997
4
Racine
1125
1275
1200
1010
Derrière les Haies
Combe-Vuilliers
mbe-Pellaton
1000
Brot-Dessus
4
1018
Pâture
1248
Crêt-Pellaton
1134
Cervelet
1203
Le Sapel
Le Joratel
Solmont
1308
1082
Le Mont
1022
1022
1265

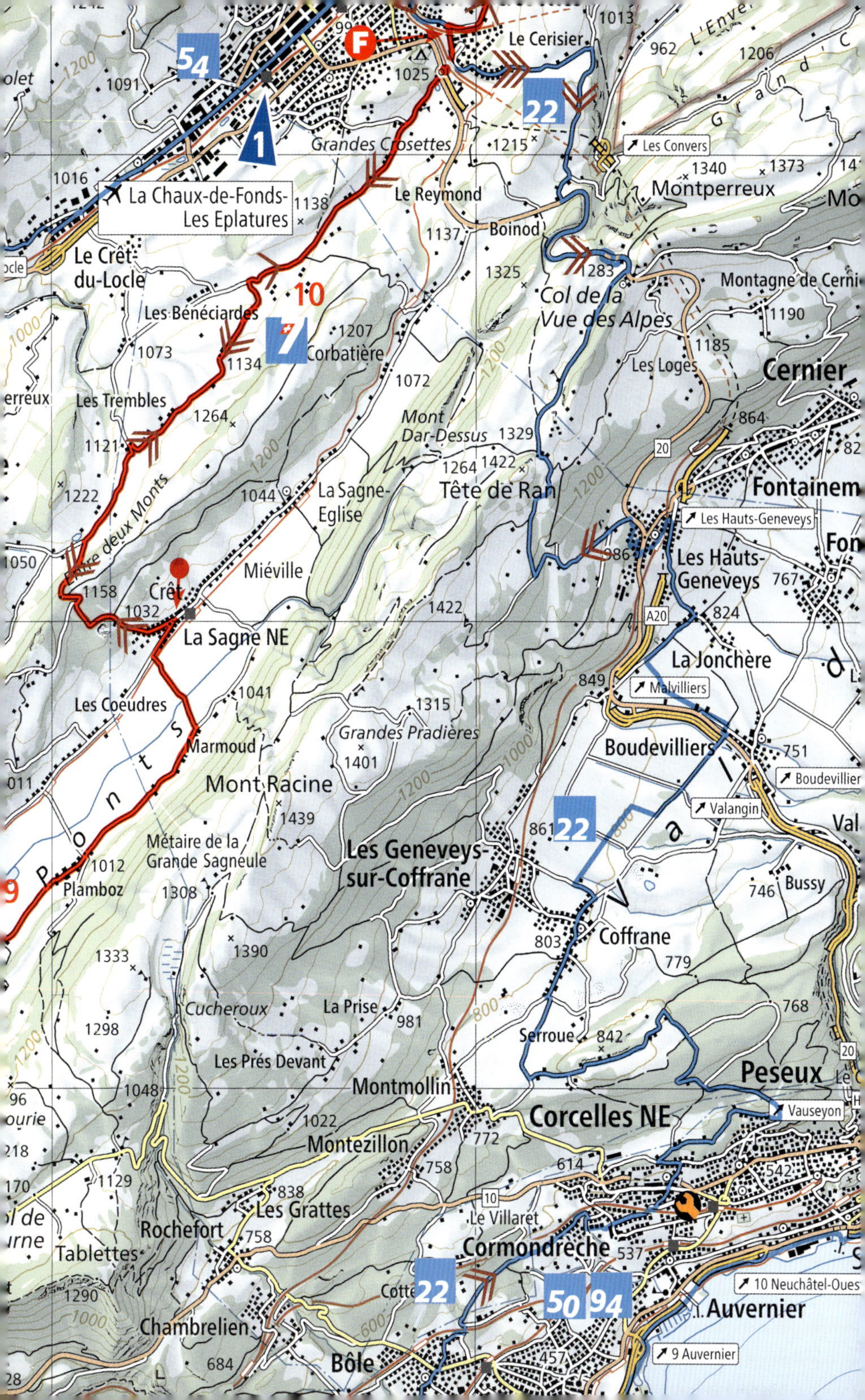

54
F
Le Cerisier
1013
962
1206
1091
1025
22
1
Grandes Crosettes
1215
Les Convers
1016
La Chaux-de-Fonds-
Les Eplatures
1138
Le Reymond
1340
1373
Montperreux
Le Crêt-
du-Locle
1137
Boinod
1325
1283
10
Col de la
Vue des Alpes
Montagne de Cerni
Les Bénéciardes
1207
7
Corbatière
1190
1073
1134
1185
Les Loges
Cernier
Les Trembles
1072
1264
Mont
Dar-Dessus
1329
864
1121
1264
1422
20
Tête de Ran
1222
1044
La Sagne-
Eglise
Fontainem
Les Hauts-Geneveys
1050
986
Les Hauts-
Geneveys
Miéville
767
1158
Crêt
1032
La Sagne NE
1422
A20
824
La Jonchère
849
Malvilliers
Les Coeudres
1041
1315
Grandes Pradières
Marmoud
1401
Boudevilliers
751
Boudevillier
Mont Racine
Valangin
1439
Métaire de la
Grande Sagneule
861
22
1012
Plamboz
Les Geneveys-
sur-Coffrane
746
Bussy
1308
803
Coffrane
779
1333
1390
768
Cucheroux
La Prise
981
1298
Serroue
842
Les Prés Devant
Peseux
Montmollin
1048
Corcelles NE
Vauseyon
1022
Montezillon
772
758
614
542
1129
838
Les Grattes
10
Le Villaret
Rochefort
758
Tablettes
Cormondrèche
537
22
50
94
10 Neuchâtel-Oues
1290
Auvernier
Chambrelien
684
Bôle
457
9 Auvernier

Das aus dem 17. Jh. stammende Haus «Cernil sur les Sentiers» nahe La Chaux-de-Fonds ist ein für das Neuenburger Hochland typischer Bau. Das mächtige, noch mit Schindeln bedeckte **Jurahaus** beherbergt heute ein Bauernmuseum.

Eine faszinierende technische Einrichtung früher Ingenieurskunst liegt bei Col-des-Roches im Berginnern: Kunstvoll baute Jonas Sandoz ein Mühlensystem in die Karsthöhlen hinein, um die **unterirdischen Wasserläufe** zu nutzen.

In Le Locle säumen Ateliers und Uhrenfirmen mit berühmten Namen die Hauptstrasse, an der auch das Jugendstil-Rathaus steht. Im noblen Château des Monts (18. Jh.) ist das **Uhrenmuseum** mit feinsten Taschenuhren und riesigen Regulatoren untergebracht.

Schon 1264 wurde Gruyère-Käse genossenschaftlich produziert. Da für 50 kg Gruyère mehr als 600 l Milch verarbeitet werden, drängt sich die gemeinsame Produktion auf. In der **Schaukäserei** von Martel können Sie seiner Herstellung bewohnen.

4

LES PONTS-DE-MARTEL: EINE UNHEIMLICH SCHÖNE HOCHMOOR-LANDSCHAFT

Libellen sirren über dunklen Tümpeln, rostbraune Rinnsale durchziehen den schwammigen Boden, Torfmoos und Wollgras zittern im Wind, und es duftet nach Heidekraut. Ein lockerer Wald mit Erlen, Föhren, Birken und Ebereschen bedeckt den buckligen Bois des Lattes, ein von Torfgängen angenagtes Hochmoor. Das Gebiet ist als Rückzugsraum für spezialisierte Pflanzen- und Tierarten empfindlich und deshalb geschützt: Also bitte die Wege nicht verlassen! Noch vor 250 Jahren war diese Moorlandschaft im Vallée des Ponts das grösste Hochmoor der Schweiz (15 km^2) und dehnte sich über die gesamte Talebene aus. Während rund 10000 Jahren bildeten sich die Torflager. Das unscheinbare Torfmoos spielte dabei die Hauptrolle. Es lebt ausschliesslich von den wenigen Nährstoffen im Regenwasser und bildet zusammen mit anderen Moorpflanzen nach seinem Absterben Schichten von dunklem, feuchtem Torf, der sehr begehrt ist. Bei unseren Vorfahren galten Moore als unheimlich und unproduktiv. Die mehrere Meter dicken Torflager wurden deshalb im 20. Jahrhundert in grossem Stil drainiert, abgebaut und verheizt oder zu Blumenerde verarbeitet. Heute hilft Pro Natura mit, abgetorfte Flächen, die nicht landwirtschaftlich genutzt werden müssen, wieder zu Mooren zu regenerieren. Wie andere Juratäler entwässert sich auch diese Gegend unterirdisch: Südwestlich von Les Ponts-de-Martel, in einem kleinen 5 Weiher nahe der Veloroute, verschwindet das Wasser und tritt in Noiraigue als Karstquelle wieder aus. In dessen Nähe ist ein Lehrpfad, «Sentier de la Tourbière», signalisiert. An die ehemaligen grossen Moore erinnern auch die Ortsnamen: So bedeutet «Martel» Sumpf (marais) und «La Sagne» Sumpfgras (lateinisch sagna). Auch «Les Ponts» deutet nicht auf einen Flussübergang hin, sondern auf einen Weg aus Holzbohlen über den sumpfigen Talboden.

Tourisme neuchâtelois
Hôtel des Postes, 2001 Neuchâtel
✆ 032 889 68 90, www.neuchateltourisme.ch

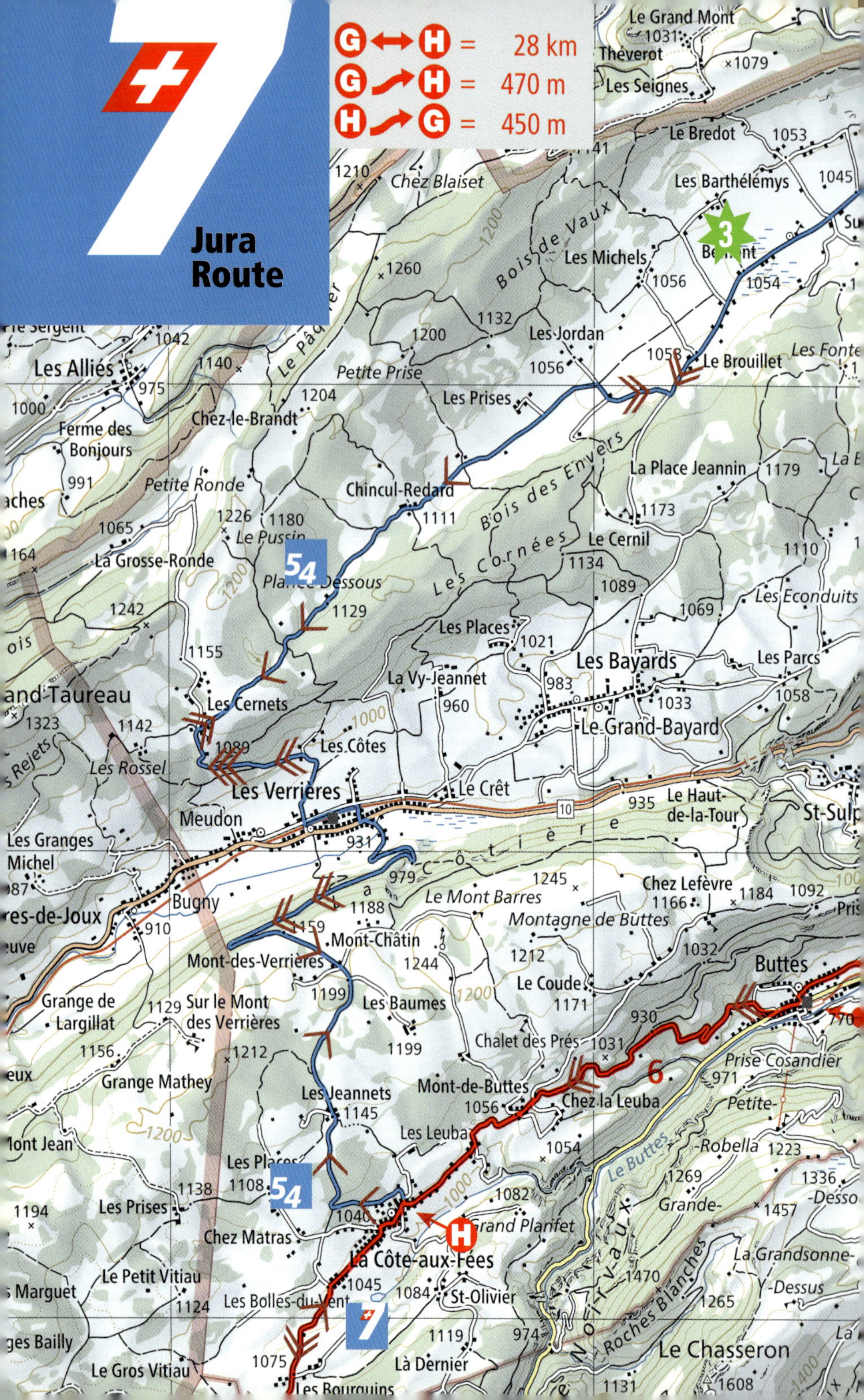
7
Jura Route
G ↔ H = 28 km
G ↗ H = 470 m
H ↗ G = 450 m
Le Grand Mont
1031
Théverot
1079
Les Seignes
Le Bredot
1053
1141
1210
Chez Blaiset
1045
Les Barthélemys
3
1200
Bois de Vaux
Les Michels
1056
1054
1260
Le Pâquier
1132
Les Jordan
1200
1042
Les Alliés
1140
975
Petite Prise
1056
1058
Le Brouillet
Les Fonte
1204
Les Prises
1000
Chez-le-Brandt
Ferme des Bonjours
Bois des Envers
La Place Jeannin
1179
991
Petite Ronde
Chincul-Redard
1173
1111
1226
1180
Le Pussin
1065
Le Cernil
1110
1164
La Grosse-Ronde
54
Les Cornées
1134
Planée Dessous
1089
1129
Les Econduits
1242
1069
Les Places
1021
1155
Les Parcs
La Vy-Jeannet
Les Bayards
983
960
1033
1058
Les Cernets
1000
1323
1142
Le Grand-Bayard
1089
Les Côtes
Les Rossel
Les Rejets
Les Verrières
Le Crêt
Meudon
10
935
Le Haut-de-la-Tour
St-Sulp
Les Granges
931
Michel
979
Côtière
1245
Chez Lefèvre
1166
1184
1092
Bugny
1188
Le Mont Barres
Montagne de Buttes
910
1159
Mont-Châtin
1032
Buttes
Mont-des-Verrières
1244
1212
Grange de Largillat
1129
Sur le Mont des Verrières
1199
Les Baumes
1200
Le Coude
1171
930
770
1156
1212
1199
Chalet des Prés
1031
Prise Cosandier
6
Grange Mathey
971
Les Jeannets
Mont-de-Buttes
1056
Chez la Leuba
Petite-
1145
Les Leuba
1200
Mont Jean
1054
Robella
1223
Les Places
Le Buttes
1108
54
1269
1336
1194
1138
Les Prises
1000
1082
Grande-
1457
Desso
1040
Grand Planfet
H
Chez Matras
La Côte-aux-Fées
La Grandsonne-
Le Petit Vitiau
1470
Marguet
1045
1084
St-Olivier
Dessus
1124
Les Bolles-du-Vent
1265
Noirvaux
Roches Blanches
1119
974
Le Gros Vitiau
1075
La Dernier
Le Chasseron
Les Bourquins
1131
1608
1400

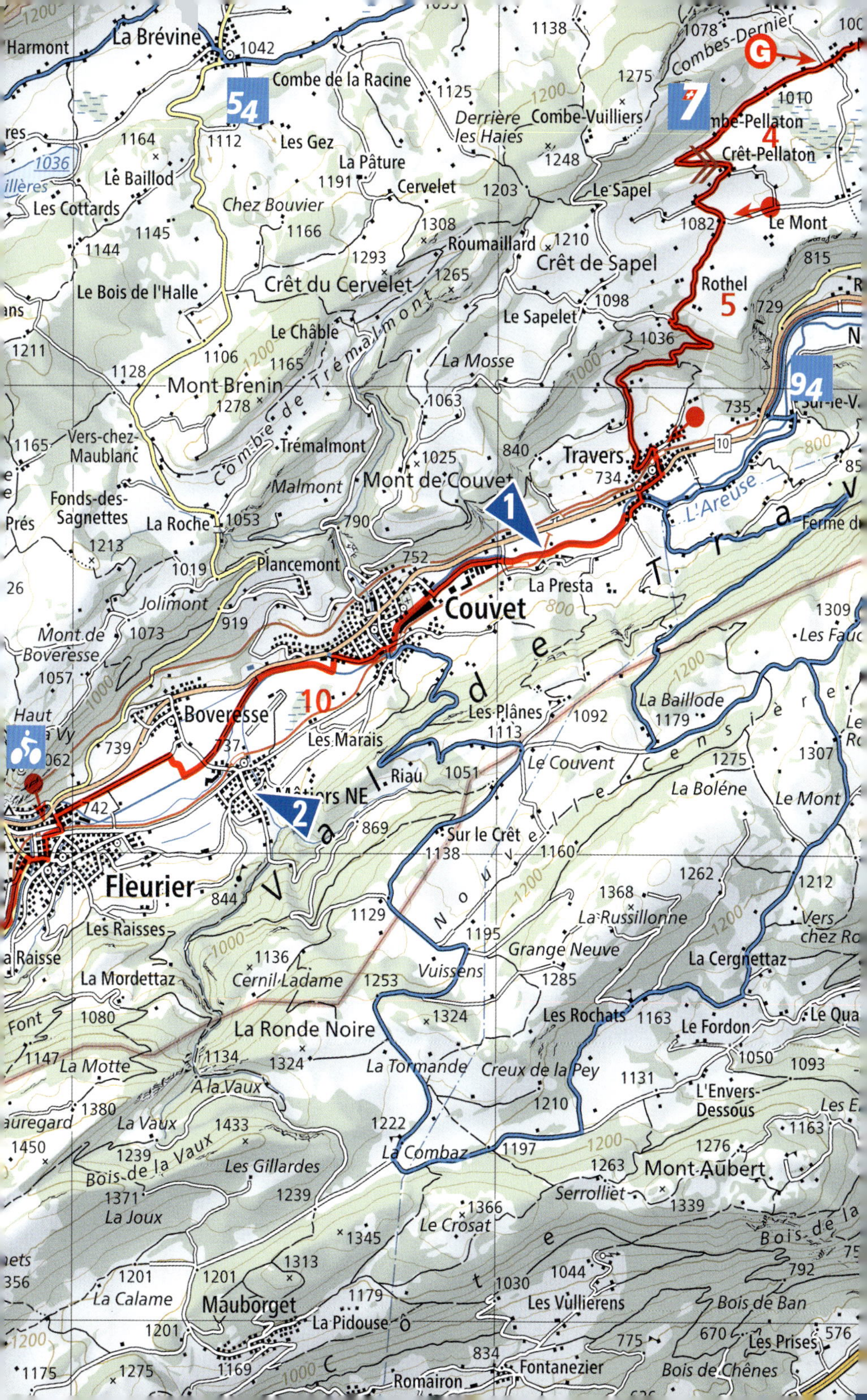
La Brévine
Harmont
Combe de la Racine
54
Les Gez
La Pâture
Cervelet
Derrière les Haies
Combe-Vuilliers
Combes-Dernier
G
7
Combe-Pellaton
Crêt-Pellaton
4
Le Sapel
Le Mont
Le Baillod
Les Cottards
Chez Bouvier
Roumaillard
Crêt de Sapel
Rothel
5
Le Bois de l'Halle
Crêt du Cervelet
Le Sapelet
Le Châble
La Mosse
Mont Brenin
Combe de Trémalmont
Trémalmont
94
Vers-chez-Maublanc
Malmont
Mont de Couvet
Travers
L'Areuse
Fonds-des-Sagnettes
La Roche
1
Plancemont
La Presta
Couvet
Jolimont
Mont de Boveresse
Haut de la Vy
Boveresse
10
Les Marais
Les Plânes
La Baillode
Le Couvent
Riau
Môtiers NE
2
La Bolène
Le Mont
Sur le Crêt
Fleurier
Les Raisses
La Russillonne
Vers chez Ro
Grange Neuve
La Cergnettaz
La Mordettaz
Cernil Ladame
Vuissens
La Ronde Noire
Les Rochats
Le Fordon
La Motte
A la Vaux
La Tormande
Creux de la Pey
L'Envers-Dessous
La Vaux
Bois de la Vaux
Les Gillardes
La Combaz
Mont Aubert
Serrolliet
La Joux
Le Crosat
La Calame
Mauborget
La Pidouse
Les Vullierens
Bois de Ban
Les Prises
Romairon
Fontanezier
Bois de Chênes
Val de Travers
Nouvelle Censière

Treten Sie in eine faszinierende Welt von unterirdischen Stollen ein, wo Bergarbeiter während rund drei Jahrhunderten dem Berg ein seltenes und wertvolles Gestein entrissen: den Asphalt. Im **Café des Mines** wird in Asphalt gekochter Schinken serviert.

In den Wäldern des Val-de-Travers sind noch authentische und verborgene Degustationsorte des **Absinth** zu finden: Das sind die kalten Brunnen des Val-de-Travers. Lernen Sie mehr darüber während eines Besuches des Absinth-Hauses in Môtiers!

Nach Anfeindungen in Paris, Genf und Bern zog sich der **Naturphilosoph** Jean-Jacques Rousseau 1762 nach Môtiers zurück, das er 1765 verliess, ohne jemals wieder in die Schweiz zurückzukehren. Sein Wohnhaus ist heute ein kleines, aber feines Museum.

Der Freizeitpark **La Robella**, im Herzen des Val-de-Travers, lädt Sie zu zahlreichen Aktivitäten für die ganze Familie ein. Ihr Velo können Sie mit auf die Sesselbahn nehmen, um nach dem Verzehr einer traditionellen Schinkenrösti die Abfahrt zu geniessen.

DAS EINSAME VALLÉE DE LA BREVINE

Eine einsame Welt zeigt sich im Vallée de La Brévine. Das raue und faszinierende Hochtal wird nur um 200 Meter von waldreichen Jurahöhen überragt. Erst im 15. Jahrhundert drangen abgehärtete Kolonisten in diese Einöde vor, rodeten und erstellten ihre Höfe in langen Reihen, genau auf der Linie zwischen dem fetten Weideland in der Talmitte und den mageren Hangwiesen an den Waldrändern. Das Gefühl der Einsamkeit, das sich hier breitmacht, wird vom Lac des Taillères mit seinem baumlosen Ufer noch verstärkt. Dieser See sammelt die Wasser der flachen Talmulde und entlässt sie unterirdisch ins Areusetal, wo sie in St-Sulpice als kräftigte Quelle zutage treten. Das Klima in diesem Hochtal ist äusserst hart, selbst im Sommer können Sie hier vom Frost überrascht werden. Im Winter werden in La Brévine, im «schweizerischen Sibirien», sogar Temperaturen bis minus 40 °C gemessen!

DAS VAL-DE-TRAVERS ENTLANG DER AREUSE

Das Val-de-Travers wird von einem lebhaften Bach, der Areuse, durchflossen und ist stärker besiedelt als andere Juratäler. Der traditionsreiche Bezirkshauptort Môtiers war einst Sommerresidenz der Herren von Neuenburg. Sie wohnten in reizvollen Palais abseits der Hauptstrasse. Einer dieser Palais, «La Maison des Mascarons», wurde zum Regionalmuseum, das die Talwirtschaft aus der Zeit um 1900 präsentiert. Ein harmloser Brennofen und ein Abstimmungsplakat weisen auf das Gerangel um das sogenannte Absinthverbot hin: Der grünliche Wermutschnaps, Grüne Fee oder Absinth genannt, wurde im Val-de-Travers erfunden und war im letzten Jahrhundert ein beliebter Aperitif und Sorgenkiller, was aufgrund seiner verwirrenden Wirkung zu zahlreichen Tragödien führte. Herstellung, Transport und Verkauf von Absinth war von 1908 bis 2005 landesweit verboten, der Konsum war weiterhin erlaubt.

Tourisme neuchâtelois
Hôtel des Postes, 2001 Neuchâtel
✆ 032 889 68 90, www.neuchateltourisme.ch

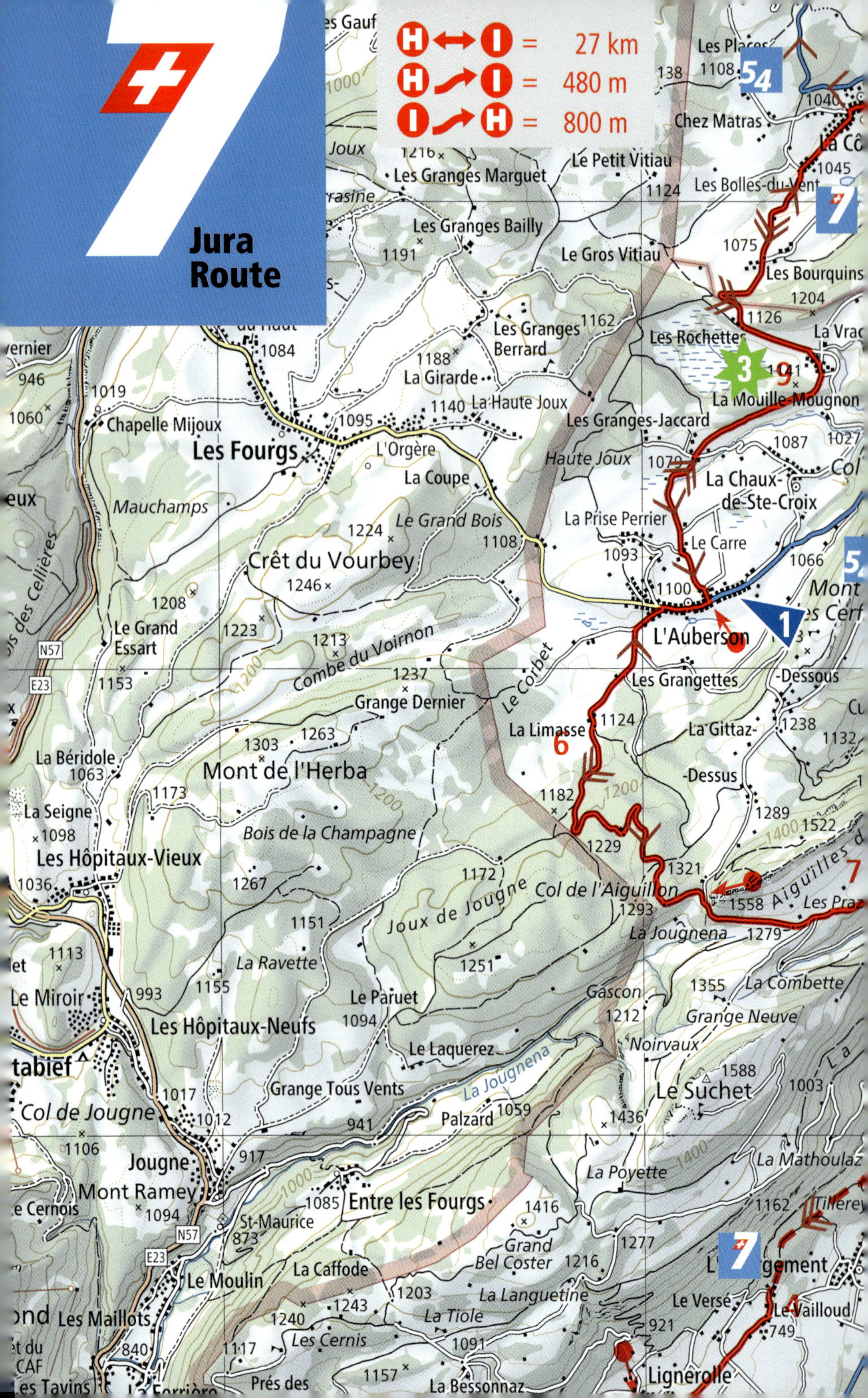
7
Jura Route
H ↔ I = 27 km
H ↗ I = 480 m
I ↗ H = 800 m
Les Places
1108
138
54
Chez Matras
1040
1045
Le Petit Vitiau
1124
Les Bolles-du-Vent
7
Les Granges Marguet
Joux
1216
Les Granges Bailly
1191
Le Gros Vitiau
1075
Les Bourquins
1204
1126
La Vrac
Les Granges Berrard
1162
1188
La Girarde
Les Rochettes
3
9
1141
La Mouille-Mougnon
1084
vernier
946
1060
1019
Chapelle Mijoux
Les Fourgs
1095
1140
La Haute Joux
L'Orgère
La Coupe
Les Granges-Jaccard
Haute Joux
1079
1087
1027
La Chaux-de-Ste-Croix
Mauchamps
1224
Le Grand Bois
1108
La Prise Perrier
Le Carre
1093
1066
5
Crêt du Vourbey
1246
1100
1208
Le Grand Essart
1223
1213
Combe du Voirnon
L'Auberson
1
N57
E23
1153
1237
Grange Dernier
Le Corbet
Les Grangettes
-Dessous
La Limasse
1124
6
La Gittaz-
1238
1132
1303
1263
Mont de l'Herba
-Dessous
La Béridole
1063
1173
1182
1200
La Seigne
1098
Bois de la Champagne
1289
1400
1522
Les Hôpitaux-Vieux
1229
1036
1267
1172
Joux de Jougne
Col de l'Aiguillon
1321
1293
1558
Aiguilles
7
Les Praz
1151
La Jougnena
1279
1113
1251
Le Miroir
993
1155
La Ravette
Le Paruet
Gascon
1355
La Combette
1094
1212
Grange Neuve
Les Hôpitaux-Neufs
Le Laquerez
Noirvaux
tabief
La Jougnena
1588
Grange Tous Vents
Le Suchet
1003
1017
Col de Jougne
1012
941
Palzard
1059
1436
1106
917
La Mathoulaz
Jougne
1400
La Poyette
Mont Ramey
1000
1085
Entre les Fourgs
1416
Cernois
1094
1162
Tillerey
St-Maurice
873
N57
Grand Bel Coster
1216
1277
7
E23
Le Moulin
La Caffode
gement
1203
La Languetine
Le Versé
Le Vailloud
Les Maillots
1243
1240
La Tiole
921
749
840
Les Cernis
1091
1117
1157
Prés des
La Bessonnaz
Lignerolle
Tavins

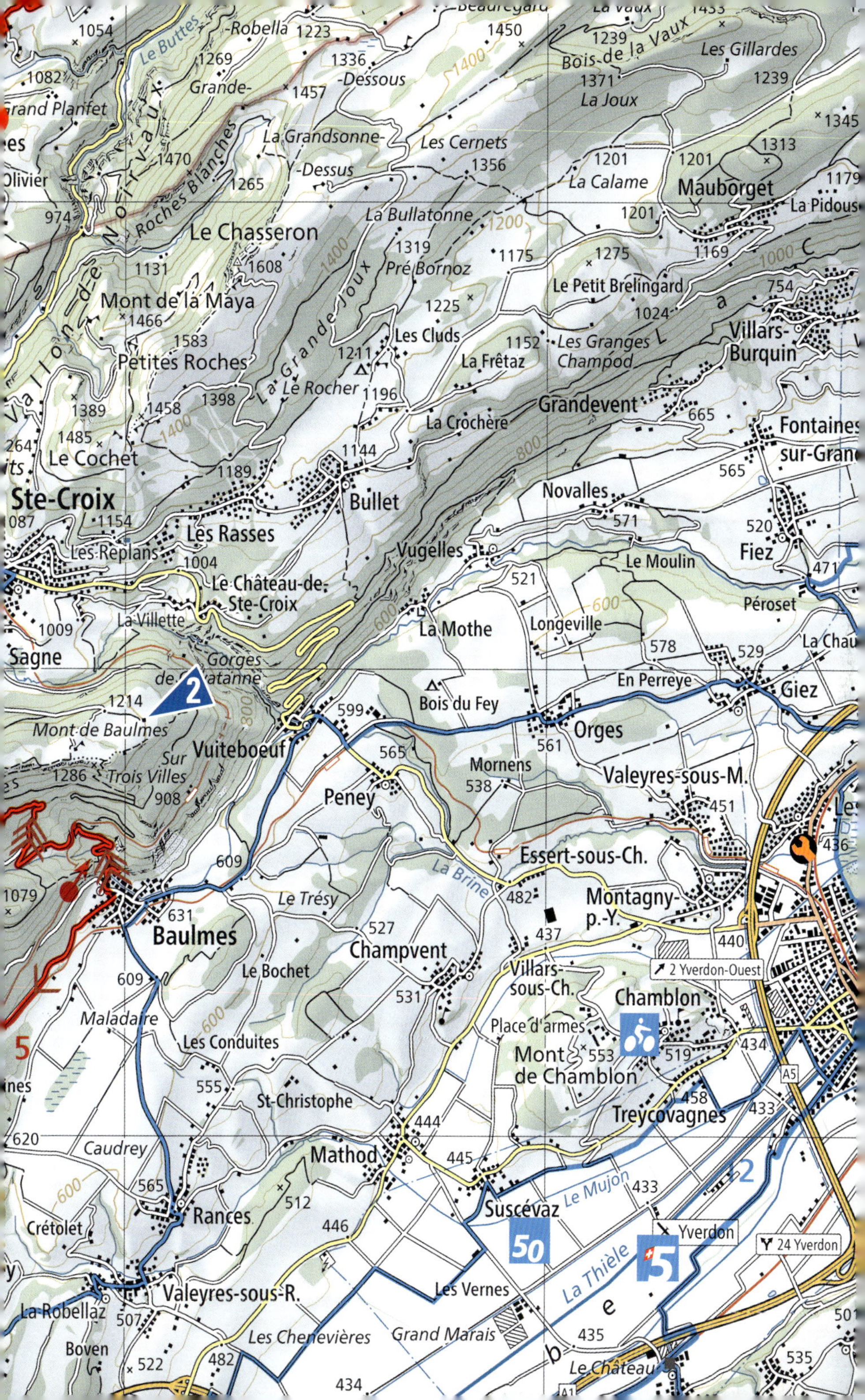

Beauregard
La Vaux
Robella
Le Buttes
Grand Planfet
Grande-
Dessous
Bois-de la Vaux
Les Gillardes
La Joux
La Grandsonne-
Dessus
Les Cernets
Vallon-de-Noirvaux
Roches Blanches
La Calame
Mauborget
La Pidoux
Olivier
Le Chasseron
La Bullatonne
Pré Bornoz
Le Petit Brelingard
Mont de la Maya
Les Cluds
La Frêtaz
Les Granges
Champod
Villars-Burquin
La Grande Joux
Petites Roches
Le Rocher
Grandevent
La Crochère
Fontaines-sur-Grand
Le Cochet
Ste-Croix
Bullet
Novalles
Les Rasses
Les Replans
Vugelles
Fiez
Le Moulin
Le Château-de-Ste-Croix
La Villette
Longeville
Péroset
La Mothe
La Chau
Sagne
Gorges de Covatanne
En Perreye
Giez
Bois du Fey
Mont de Baulmes
Vuiteboeuf
Orges
Sur Trois Villes
Mornens
Valeyres-sous-M.
Peney
Essert-sous-Ch.
La Brine
Le Trésy
Montagny-p.-Y.
Baulmes
Champvent
Le Bochet
Villars-sous-Ch.
Chamblon
2 Yverdon-Ouest
Maladaire
Place d'armes
Mont de Chamblon
Les Conduites
St-Christophe
Treycovagnes
A5
Caudrey
Mathod
Suscévaz
Le Mujon
Crétolet
Rances
Yverdon
24 Yverdon
50
5
2
La Thièle
La Robellaz
Valeyres-sous-R.
Les Vernes
Boven
Les Chenevières
Grand Marais
Le Château
A1

Zwischen September und März wird im Jura ein besonderer Käse hergestellt: der **Vacherin Mont d'Or.** Der im reifen Zustand fast fliessende Weichkäse ist sehr aromatisch und schmeckt leicht nach Tannenholz, da er in Spanschachteln zur Reifung kommt.

1

In L'Auberson, im Museum Baud, ahmen bunte Vögel den Gesang der Nachtigall nach. Das **Musikdosen- und Automatenmuseum** ist mit seinen Orchestrien und Orgeln eine wunderbare Welt magischer Klänge (Juli–Sept. Di–So 14–17 Uhr).

2

Wunderbare Aussicht und leckere Beignets au fromage (knusprige Käsekrapfen) gibt es auf dem **Mont de Baulmes** zu geniessen. Vorher gilt es aber den Höhenweg über die Kreten der Aiguilles zu bewältigen.

3

Das **Moor von La Vraconnaz,** seit mehr als 100 Jahren geschützt, bietet das ganze Jahr über ein grandioses Naturspektakel: Steigende Nebel und dunkle Tannen tragen zu einer besonderen Stimmung bei. Zudem leben hier zahlreiche wilde Tiere.

STE-CROIX: WO KÜNSTLICHE VÖGEL SINGEN

Die Fahrt mit der Schmalspurbahn, die auch Velos transportiert, von Yverdon oder Baulmes die steile Flanke des Mont Suchet entlang hinauf nach Ste-Croix ist ein atemberaubendes Erlebnis. Aber im wahrsten Sinne des Wortes atemberaubend ist es, den 700 Meter langen Aufstieg von Baulmes über den Col de l'Aiguillon mit dem Velo zu bewältigen. Ungemein berauschend dagegen ist die Abfahrt von dieser Passhöhe.

Der Ort Ste-Croix, am Fuss des Aussichtsberges Le Chasseron gelegen, bietet ein eigenartiges Bild: Es ist einerseits ein behäbiges Dorf, andererseits ein Industrieort mit alten Fabrikgebäuden und, zusammen mit Les Rasses, ein Skizentrum mit der dazugehörenden Infrastruktur. Seine Blütezeit erlebte Ste-Croix, das Zentrum der Mikroindustrie, im 19. Jahrhundert. Damals war es an europäischen Königshäusern sowie in indischen und japanischen Palästen wohlbekannt, und zwar wegen seiner klingenden Kleinkunstwerke. Seit dem Beginn des 19. Jahrhunderts ist die Spieldosenindustrie, die ursprünglich aus Genf und dem Vallée de Joux kam, in dieser Gegend heimisch. Lange Zeit beherrschten Ste-Croix und L'Auberson mit ihren Spieldosen und Musikautomaten den Weltmarkt. Die verspielte Welt der technischen Puppenautomaten entzückt auch heute noch: Künstliche Vögel zwitschern, Turner schwingen am Reck, ein Zauberer zaubert, Pierrot schreibt einen Brief, wird bei erlöschender Lampe müde und schläft ein, bei hell werdender Lampe erwacht er wieder und schreibt weiter. Oder die mechanischen Töne: Nostalgische Melodien zirpen leise aus Spieldosen, elektrische Klaviere klimpern einen Walzer, Leierkästen husten hölzern und Orchestrien scheppern Hochzeitsmärsche. Solch nostalgisches Treiben können Sie im Museum CIMA (Centre international de la Mécanique d'Art) von Ste-Croix bewundern (Di–So Führungen).

Office du Tourisme de Sainte Croix/ Les Rasses
Route Neuve 10, 1450 Ste-Croix
✆ 024 455 41 42,
www.sainte-croix-les-rasses-tourisme.ch

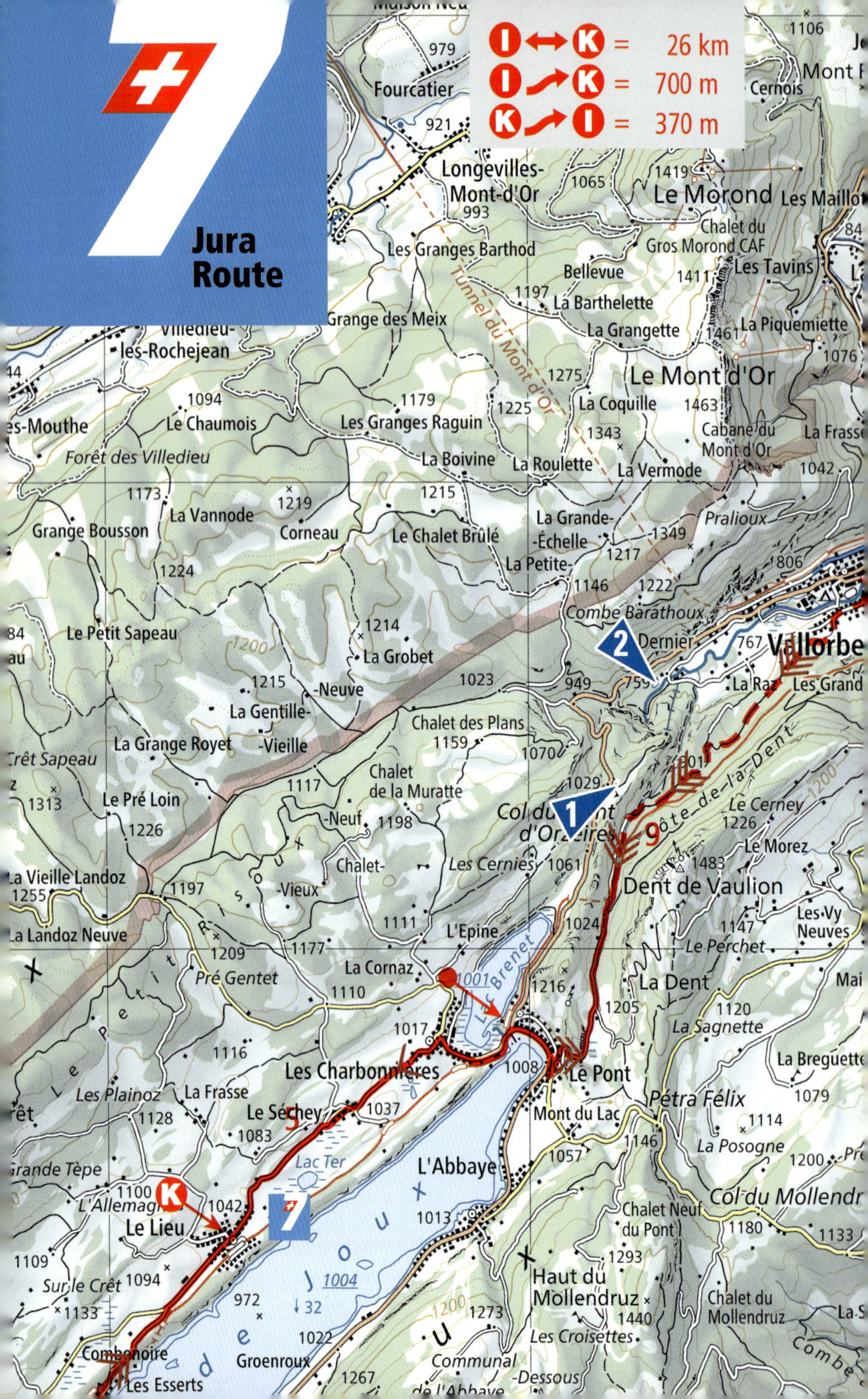
7
Jura Route
I ↔ K = 26 km
I ↗ K = 700 m
K ↗ I = 370 m
Fourcatier
979
921
Longevilles-Mont-d'Or
993
1065
1106
Mont
Cernois
1419
Le Morond
Les Maillot
Chalet du Gros Morond CAF
Les Granges Barthod
Bellevue
1411
Les Tavins
1197
La Barthelette
Tunnel du Mont d'Or
Grange des Meix
La Grangette
1461
La Piquemiette
1076
Villedieu-les-Rochejean
1275
Le Mont d'Or
1094
1179
1225
La Coquille
1463
es-Mouthe
Le Chaumois
Les Granges Raguin
1343
Cabane du Mont d'Or
La Frasse
Forêt des Villedieu
La Boivine
La Roulette
La Vermode
1042
1173
1219
1215
Pralioux
La Vannode
La Grande-Échelle
1349
Grange Bousson
Corneau
Le Chalet Brûlé
1217
1224
La Petite-
806
1146
1222
Combe Barathoux
84
Le Petit Sapeau
1214
2
Dernier
767
Vallorbe
1200
La Grobet
1023
949
759
La Raz
Les Grand
1215
-Neuve
La Gentille-
Chalet des Plans
1159
1070
1001
La Grange Royet
-Vieille
Côte-de-la-Dent
Crêt Sapeau
Chalet de la Muratte
1029
1200
1117
1
Le Cerney
1313
Le Pré Loin
-Neuf
1198
Col du Mont d'Orzeires
9
1226
1226
Chalet-
Les Cernies
1061
1483
Le Morez
La Vieille Landoz
Dent de Vaulion
1255
1197
-Vieux
1111
1024
1147
Les Vy Neuves
La Landoz Neuve
L'Epine
1209
1177
Le Perchet
Pré Gentet
La Cornaz
1001
Lac Brenet
1216
La Dent
Mai
1110
1205
1120
1017
La Sagnette
1116
Les Charbonnières
1008
Le Pont
La Breguette
Les Plainoz
La Frasse
Pétra Félix
1079
Crêt
1128
Le Séchey
1037
Mont du Lac
1114
1083
5
1146
La Posogne
1057
Grande Tèpe
Lac Ter
L'Abbaye
1200
1100
K
Col du Mollendr
L'Allemagne
1042
7
Chalet Neuf du Pont
Le Lieu
1013
1180
1133
1109
1293
Sur le Crêt
1094
Lac de Joux
1004
Haut du Mollendruz
972
↓ 32
1440
Chalet du Mollendruz
1133
1200
1273
Les Croisettes
1022
Combenoire
Groenroux
Communal -Dessous
Les Esserts
1267
Combe

Entre les Fourgs
St-Maurice
La Caffode
Grand Bel Coster
La Languetine
La Tiole
Les Cernis
La Poyette
La Mathoulaz
Tillerey
Crétolet
L'Abergement
Sergey
Le Versé
Le Vailloud
La Robellaz
Boven
Lignerolle
La Bessonnaz
Prés des Champs
Morachon
Ballaigues
La Vaux
La Maladaire
Les Clées
La Russille
Montcherand
2 Les Clées
1 Ballaigues
La Torche
L'Orbe
Gorges de l'Orbe
Bois de Fives
Le Day
Les Grands Bois
Poimboeuf
Les Auges
Bretonnières
Agiez
Premier
Bofflens
Sur Grati
Nidau
Bois de Forel
Romainmôtier
Croy
Le Nozon
La Scie de Nidau
Vaulion
Drochard
Juriens
Envy
Au Sau
Bioute
Bulande
Chalet Devant
Chalet Dernier
Le Cosson
Busine
Chalet Lyon
Bec à l'Aigle
Le Chaney
Crêt
Pompaples
St-Loup
La Praz
Prins Bois
Vernant
Ferreyres
Bois de Moiry
Côte à Moré
Moiry VD
Le Bois-de-Fey
Mont-la-Ville
Les Rueyres
Les Dailles
La Coudre
Le Vallon
Chevilly
Prévondavaux
Les Pâquis

Im **Juraparc** zwischen Vallorbe und dem Vallée de Joux lassen sich Wildtiere in felsiger und grüner Umgebung beobachten. Dieser fantastische Wildpark beherbergt Bären, Hirsche, Alpakas, ein Wolfsrudel und eine Herde amerikanischer Bisons.

Das **Eisen- und Eisenbahnmuseum** von Vallorbe nimmt Sie mit in eine faszinierende Welt: In der Schmiede sieht man live, wie früher gearbeitet wurde; zudem gibt es Workshops, ein audiovisuelles Spektakel und Modelleisenbahnen zu bestaunen.

In den **unterirdischen Höhlen** bringt ein raffiniertes Lichterspiel mineralische Schönheiten zum Vorschein. Neben den Stalagmiten, Stalaktiten, Sintersäulen und anderen Formationen gibt es auch einen Reifekeller für den ausgezeichneten Vallgrotte-Käse.

Unter einem scheinbar friedlichen Schweizer Chalet verbirgt sich eine **Artillerie-Festung,** die während des Zweiten Weltkriegs erbaut und genutzt wurde. Die Besichtigung führt durch ein Labyrinth unterirdischer Gänge mit historischen Nachbildungen.

DIE GEHEIMNISVOLLEN WEGE DER JURAGEWÄSSER

Im Jura schlägt das Wasser oft geheimnisvolle Wege ein. Trotz reichlicher Niederschläge gibt es hier kaum tosende Bäche und stille Weiher. Doch dafür ist der Jura reich an andern spektakulären Wasserphänomenen: an Wasserfällen, Karstquellen, Grotten und Schwundlöchern. Der Regen versickert sofort in den durchlässigen Kalkböden, wo er durch Korrosion weiteren Kalk auflöst und so unterirdische Spalten, Klüfte und Grotten entstehen lässt. Dieses unterirdisch abgeflossene Wasser kommt oft weit entfernt – als Quelle – wieder zum Vorschein. Auch ganze Bäche oder Seen können in Schwundlöchern abfliessen: Das Wasser des Lac Brenet im Vallée de Joux versickert in Felstrichtern und sprudelt drei Kilometer weiter bzw. 22 Stunden später aus der Orbequelle bei Vallorbe. Einige der Schwundlöcher wurden gestopft, um das Wasser für die Stromproduktion zu nutzen. Die Orbequelle gehört zu einem ausgedehnten Höhlensystem, das erst 1964 bei Tauchgängen in der Quelle entdeckt wurde und dank eines künstlichen Zugangs heute eine Touristenattraktion ist.

DIE EISENWERKE VON VALLORBE

Im Mittelalter gründeten Mönche vom nahen Kloster Romainmôtier in Vallorbe ein Eisenwerk. Erz- und Holzvorkommen sowie die vorhandene Wasserkraft erlaubten ihnen den Aufbau einer Eisen verarbeitenden Industrie. Die vier Wasserräder, die sich im Orbekanal drehen, treiben noch heute die Maschinen im Eisenmuseum an. In den Grandes Forges, den grossen Schmieden, demonstriert ein erfahrener Schmied alte Verfahren der Eisenverarbeitung.

Office du tourisme de Vallorbe
Grandes-Forges 11, 1337 Vallorbe
✆ 021 843 25 83, www.yverdonlesbainsregion.ch

7 Jura Route

K ↔ L = 18 km
K ↗ L = 430 m
L ↗ K = 160 m

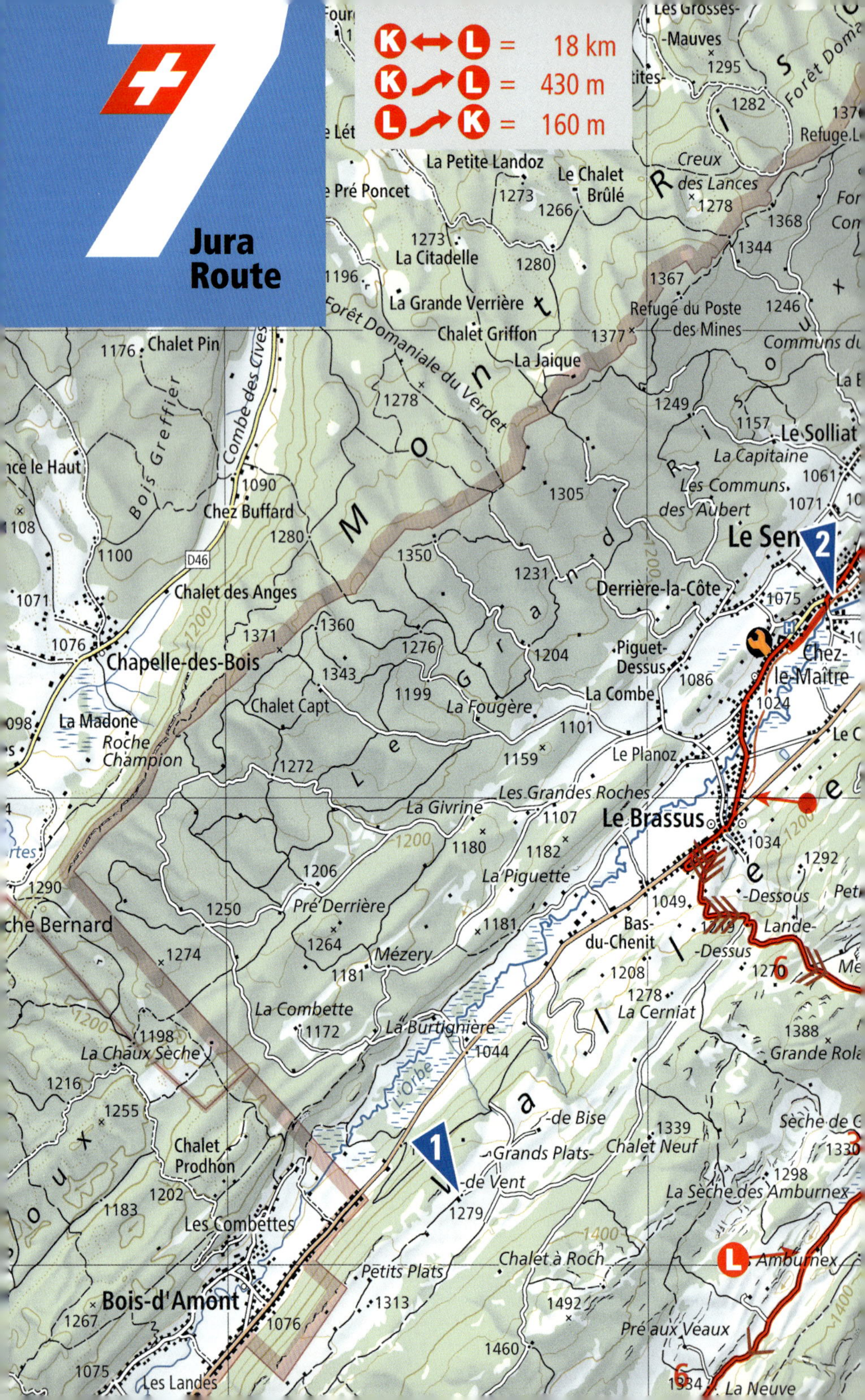

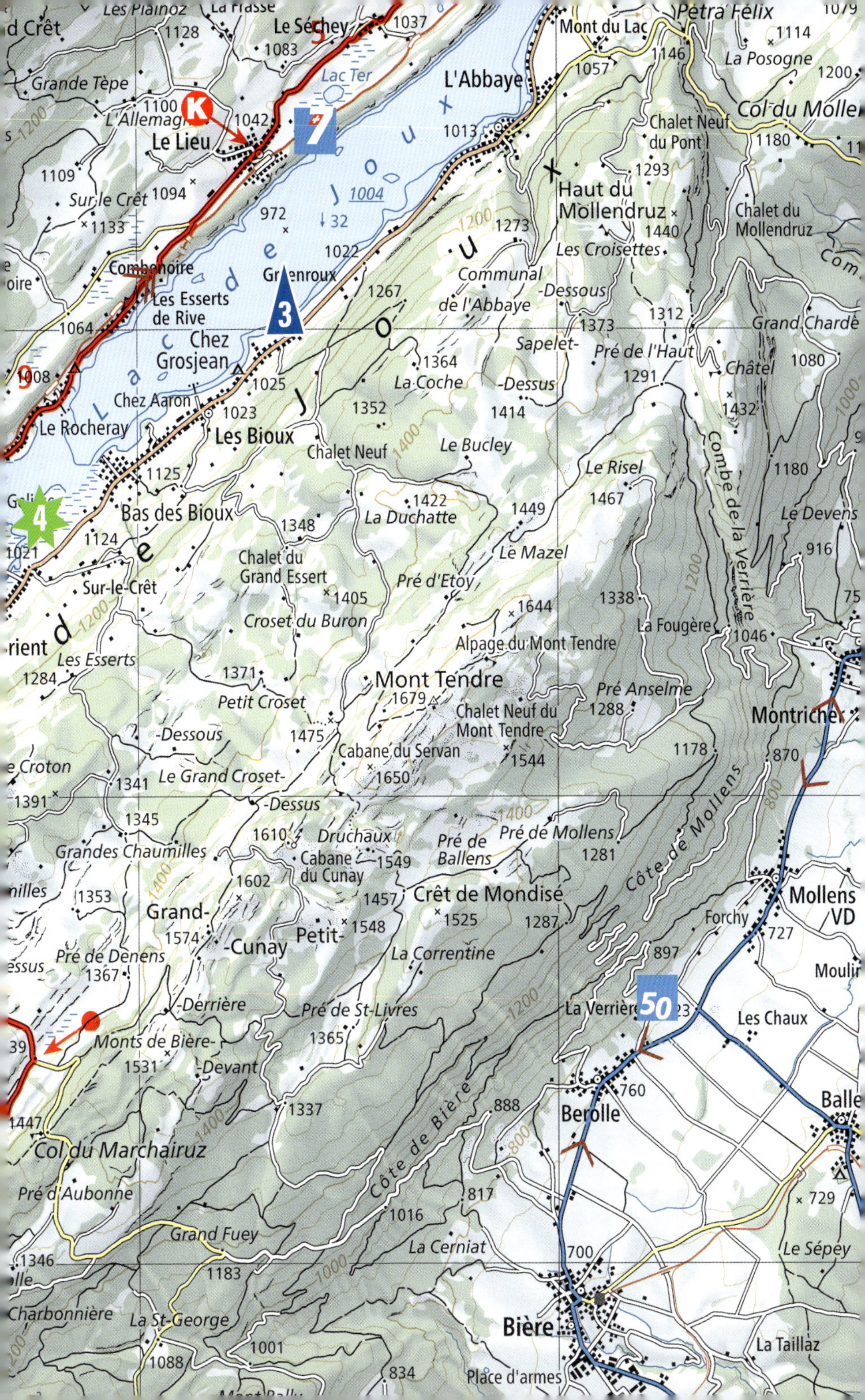

Le Lieu
Lac Ter
L'Abbaye
Mont du Lac
Pétra Félix
La Posogne
Col du Mollendruz
Le Séchey
Grande Tèpe
L'Allemagne
Sur le Crêt
Lac de Joux
Haut du Mollendruz
Chalet Neuf du Pont
Chalet du Mollendruz
Les Croisettes
Communal de l'Abbaye
Combenoire
Les Esserts de Rive
Chez Grosjean
Groenroux
Chez Aaron
Le Rocheray
Les Bioux
Bas des Bioux
Sapelet-Dessus
Pré de l'Haut
Grand Chardé
Châtel
La Coche
Le Bucley
Chalet Neuf
Le Risel
La Duchatte
Le Mazel
Combe de la Verrière
Le Devens
Sur-le-Crêt
Chalet du Grand Essert
Croset du Buron
Pré d'Etoy
Alpage du Mont Tendre
La Fougère
Les Esserts
Petit Croset
Mont Tendre
Chalet Neuf du Mont Tendre
Pré Anselme
Montricher
Cabane du Servan
Le Grand Croset-Dessous
Le Grand Croset-Dessus
Grandes Chaumilles
Druchaux
Cabane du Cunay
Pré de Ballens
Pré de Mollens
Côte de Mollens
Mollens VD
Crêt de Mondisé
Grand-Cunay
Petit-Cunay
Forchy
La Correntine
Pré de Denens
Pré de St-Livres
La Verrière
Les Chaux
Monts de Bière-Derrière
Monts de Bière-Devant
Côte de Bière
Berolle
Col du Marchairuz
Pré d'Aubonne
Grand Fuey
La Cerniat
Le Sépey
La Charbonnière
La St-George
Bière
Place d'armes
La Taillaz

Oberhalb von Le Brassus, im Chalet Grands Plats-de-Vent, einer typisch jurassischen Alphütte, werden die BesucherInnen in die Geheimnisse der handwerklichen **Käseherstellung** (Greyerzer) eingeweiht.

Das Uhrenmuseum **Espace Horloger** in Le Sentier verfügt über modernste Technologien, um Sie auf eine Reise durch die Zeit mitzunehmen. Mit Komplikationsuhren und historischen Exponaten wird die Uhrenindustrie im Vallée de Joux auf neuartige Weise vorgestellt.

Am Fusse des höchsten Gipfels im Schweizer Jura, dem Mont Tendre, liegt der **Lac de Joux.** Das Wasser des Sees fliesst nicht ab, sondern versickert unterirdisch und kommt erst einige Kilometer weiter in den Grotten von Vallorbe wieder zum Vorschein.

Am Westende des einzigen grossen Jurasees, des Lac de Joux, befindet sich ein schönes **natürliches Ufer.** Sümpfe «arbeiten» sich zum See vor, wo sich alle Formen der Verlandung beobachten lassen.

VALLÉE DE JOUX: GROSSE WÄLDER UND PRÄZISE UHREN

Die grandiose Naturlandschaft des Vallée de Joux mit dem Lac de Joux erhielt ihren Namen wegen ihres ausgedehnten Waldvorkommens: Die geografische Bezeichnung «Joux» bedeutet grosser Wald. So bedeckt die grösste zusammenhängende Waldfläche der Schweiz die Flanke des Mont Risoux. Er ist bei den Pilzsammlern beliebt wegen seiner Schwarzen Morcheln. Überhaupt fehlt es im Vallée de Joux nicht an Zutaten für kulinarische Genüsse: Neben Hecht und dem schmackhaften Vacherin de Joux (Weichkäse) finden sich neuerdings auch Bisonfleisch aus der Region auf dem Speisezettel.

Das Hochtal Vallée de Joux liegt auf rund 1000 m ü. M. und wurde im 9. Jahrhundert von Frankreich her besiedelt. Bis 1886, als die Bahnlinie Vallorbe—Le Pont fertiggestellt wurde, war das Tal im Winter jeweils von der Umwelt abgeschnitten. Die Landwirtschaft erlaubte hier oben nur ein karges Überleben. Deshalb waren die zahlreichen Industriebetriebe sehr willkommen, die auch heute noch das Bild der Jurasiedlungen prägen. So hat sich bis Mitte des 18. Jahrhunderts die Uhrenindustrie im ganzen französischsprachigen Jura ausgebreitet. 1679 hatte ein junger Mechaniker ohne Vorkenntnisse eine Taschenuhr repariert, was zum legendären Satz vom «schlummernden mechanischen Talent» im Westschweizer Jura führte. Aufgrund dieses Talents entstand manches Fabrikgebäude auf offenem Feld, wie z. B. in Le Sentier. Neben den reinen Fabrikarbeitern und -arbeiterinnen waren auch sogenannte «paysans-horloger» am Werk: Die Bauern sassen in den harten Wintermonaten hinter den grössten und hellsten Fenstern ihrer mächtigen Häuser und stellten in der staubfreien jurassischen Luft präzise Kunstwerke her. Trotz der Rezession ist diese Tradition im Vallée de Joux bis heute lebendig geblieben: Exklusive Uhrenspezialitäten, die kein Roboter fertigen kann, werden hier noch von Hand fabriziert.

Vallée de Joux Tourisme
Centre Sportif, Rue de l'Orbe 8, 1347 Le Sentier
✆ 021 845 17 77, www.myvalleedejoux.ch

7

Jura Route

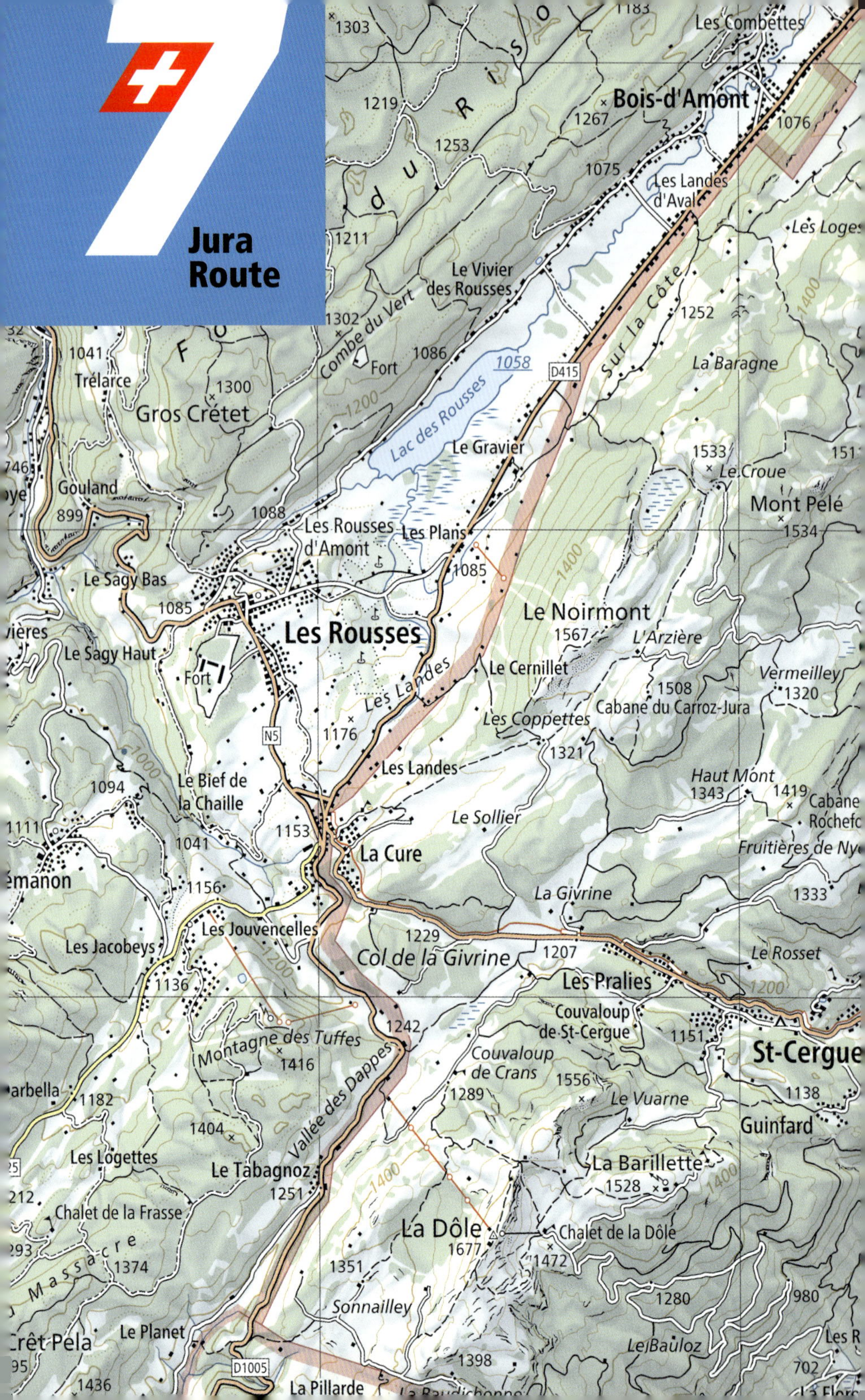

Bois-d'Amont
Les Combettes
Les Landes d'Aval
Les Loges
Le Vivier des Rousses
Combe du Vert
Fort
Lac des Rousses
1058
D415
Sur la Côte
La Baragne
Trélarce
Gros Crêtet
Le Gravier
Le Croue
Mont Pelé
Gouland
Les Rousses d'Amont
Les Plans
Le Sagy Bas
Les Rousses
Le Noirmont
L'Arzière
Le Sagy Haut
Le Cernillet
Vermeilley
Les Landes
Cabane du Carroz-Jura
Les Coppettes
N5
Le Bief de la Chaille
Haut Mont
Cabane Rochefo
La Cure
Le Sollier
Fruitières de Ny
La Givrine
Les Jouvencelles
Les Jacobeys
Col de la Givrine
Les Pralies
Le Rosset
Couvaloup de St-Cergue
St-Cergue
Montagne des Tuffes
Couvaloup de Crans
Le Vuarne
Vallée des Dappes
Guinfard
Les Logettes
Le Tabagnoz
La Barillette
Chalet de la Frasse
La Dôle
Chalet de la Dôle
Massacre
Sonnailley
Crêt Pela
Le Planet
Le Bauloz
D1005
La Pillarde

L ↔ M = 23 km
L ↗ M = 80 m
M ↗ L = 920 m
Amburnex
Chalet à Roch
Pré de Rolle
Pré aux Veaux
La Neuve
Crêt de la Neuve
Rionde
Les Begnines
Les Frasses
La Rochette
Mont Chaubert
Mont Bally
Bauloz
La Côte
Malherbe
Les Echadex
St-George
La Bassine
Perroude de Vaud
La Goncerue
Le Pessey
Longirod
Prés de Joux
Les Chenevières
Le Planet
Mondion
La Pouilleuse
Marchissy
Prévondavaux
Pré Gent
La Chaumette
Les Bioles
La Dunanche
Les Platets
Le Vaud
Maison Rouge
Les Orgères
Burtigny
Arzier-
Bassins
La Conriéry
Le Molard
Gilly
Le Muids
La Serine
La Chèvrerie
Grange Grèche
La Cézille
Côtes de Genolier
Vinzel
Sus-Châtel
La Caisserie
Luins
Begnins
Le Vernay
Genolier
Vich
Givrins
12 Gland
Dully
Cordex
La Lignière
Coinsins
GLAND
Pontet
La Colline
Clarens
Trélex

St-Cergue liegt auf einer sonnigen Terrasse mit wunderschöner Rundsicht vom Genferseebecken bis zum Montblanc und zu den Berner Alpen. Die reine Luft zieht viele Genfer Sommerfrischler und Wintersportler-Innen an.

Der 2016 wiedereröffnete **Zoo von La Garenne** in Le Vaud beherbergt heute mehr als 200 Wild- und Haustiere, welche vorwiegend aus Europa stammen: Wölfe, Luchse, Bartgeier, Füchse usw. Dazu gehört eine Station für pflege- und schutzbedürftige Vögel.

Ein richtiges **Ameisenland** mit über 1500 Ameisenhaufen finden Sie bei Roch südlich von Le Brassus. Es soll die grösste Ameisenhaufen-Ansammlung Europas sein. Die Ameisen bilden sogenannte Superkolonien, d. h. mehrere Meter hohe Haufen.

5 km oberhalb von St-George können Sie in einen **natürlichen Eisschrank** hinuntersteigen: In der Grotte «überleben» die Eiszapfen auch im Sommer. Die Glacière wurde früher als Aufbewahrungsort und Eislieferantin genutzt.

DER PARK JURASSIEN VAUDOIS

Im äussersten Westen der Schweiz, dem Grenzland zu Frankreich, zwischen dem Col de la Givrine und dem Col du Marchairuz, durchquert die Veloroute den Parc du Jura Vaudois: ein Mosaik von Wäldern, Mooren, Karstfelsen, Dolinen, Kuhweiden mit mächtigen Tannen und einigen Sennhütten. Im dünn besiedelten Hochjura blieb eine typische Wald-Weide-Parklandschaft erhalten, die keine reine Naturlandschaft ist, sondern eine naturnahe alte Kulturlandschaft mit blühender Alpwirtschaft und Hunderten von Kühen. Ein Netz von über 100 Kilometern Trockenmauern aus behauenen Kalksteinen und die parkähnlichen Weideflächen erzählen von der jahrhundertealten Bewirtschaftung. Die Arbeitsweise der Bauern und der Forstarbeiter war stets sehr naturnah, was bis heute eine Vielfalt an verschiedenen Lebensräumen und damit auch eine grössere Artenvielfalt überleben liess. Wenn im Mai am Jurasüdfuss längst schon alles grünt und blüht, liegt auf den rauen Höhen oft noch Schnee. Doch dann setzt auch im Hochland der farbenprächtige Sturmlauf des Frühlings an, und die Magerwiesen überziehen sich mit Blumen. In der Tierwelt fallen die Ameisen am meisten auf: Ihre Bauten ziehen Insektenforscher von weither an. Viele einheimische Tiere lieben die Ameisen, z. B. der muntere Schwarzspecht. Eher grössere Beute bevorzugen Bussarde, Sperber und Falken. Ebenfalls aussergewöhnlich sind die aus dem Wallis importierten Murmeltiere. Zudem sind im Parc jurassien vaudois Luchse ausgesetzt worden. Sie fühlen sich hier aber nicht wohl, im Gegensatz zu den Wildkatzen.

Abseits der Wege können Sie sich bei Nebel und ohne Kompass in dieser einsamen Gegend leicht verirren. Es ist eine geheimnisvolle Welt, eine Gegend zum Staunen, in der man sich wie auf Zehenspitzen bewegt.

Office du Tourisme
Place Sy-Vieuxville, 1264 St-Cergue
✆ 022 360 13 14, www.lacote-tourisme.ch

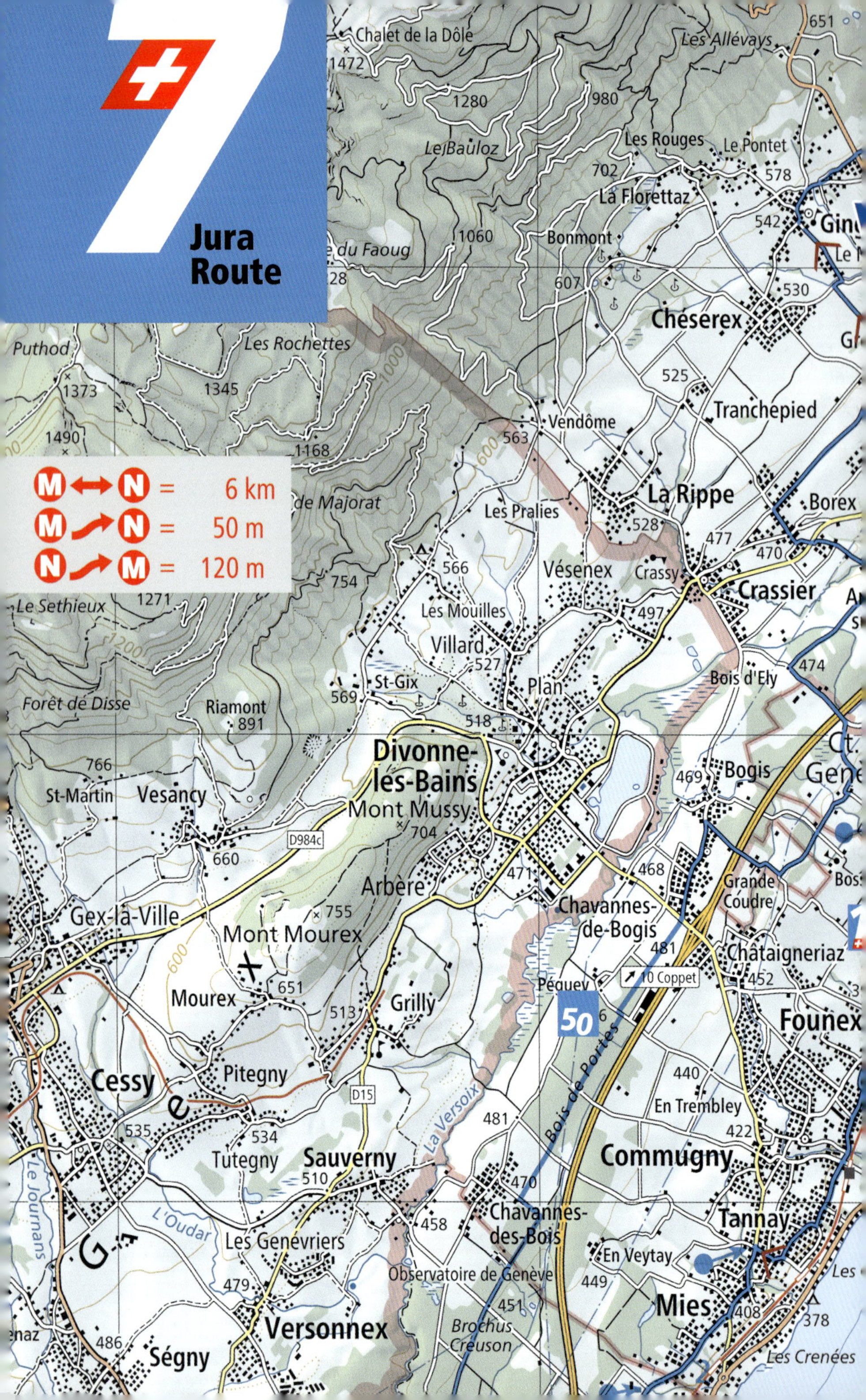

7
Jura Route
M ↔ N = 6 km
M ↗ N = 50 m
N ↗ M = 120 m
Chalet de la Dôle
1472
Les Allévays
651
1280
980
Le Bauloz
Les Rouges
Le Pontet
702
578
La Florettaz
542
1060
Bonmont
du Faoug
607
530
Chéserex
Puthod
Les Rochettes
525
1373
1345
Tranchepied
1000
Vendôme
563
1490
1168
600
La Rippe
Borex
de Majorat
Les Pralies
528
477
470
566
Vésenex
Crassy
Crassier
754
Le Sethieux
1271
Les Mouilles
497
Villard
1200
527
474
Bois d'Ely
St-Gix
Plan
Forêt de Disse
569
Riamont
891
518
Divonne-les-Bains
469
Bogis
766
St-Martin
Vesancy
Mont Mussy
704
D984c
660
471
468
Arbère
Chavannes-de-Bogis
Grande Coudre
Gex-la-Ville
755
Mont Mourex
481
Châtaigneriaz
600
651
10 Coppet
452
Mourex
Péguey
513
Grilly
50
Founex
Cessy
Pitegny
D15
440
La Versoix
Bois de Portes
En Trembley
481
422
535
534
Tutegny
Sauverny
Commugny
510
470
Le Journans
L'Oudar
458
Chavannes-des-Bois
Tannay
Les Genevriers
En Veytay
Observatoire de Genève
449
479
451
Mies
408
378
Brochus
Creuson
Versonnex
486
Ségny
Les Crenées

12 Gland
Dully
La Lignière
Cordex
Coinsins
GLAND
Clarens
La Colline
Trélex
La Promenthouse
Duillier
L'Asse
Le Rancho
Bénex
Villa Prangins
Avenex
Promenthoux
Prangins
NYON
Eysins
Colovray-Métairie
Lac Léman
Yvoire
Nernier
Crans-p.-C.
Essert
La Pointe
Messery
D25
Bois Couti
Les Grandes Conches
Chens-sur-L.
Bois des Conches
Sous Étraz
Tougues
Les Petites Conches
Massongy
Véreitre
Bachelard
Douvaine
Lagraie
Le Bourg Neuf
Collongette
Hermance
Chilly
Les Coudriettes
Aubonne
ré Claudy

Bei Gingins, in der Mühle von Chiblin, dokumentiert das **Landmaschinenmuseum** mit einer Sammlung von etwa 2000 Traktoren, Maschinen und Geräten die Mechanisierung der Landwirtschaft. Auch die Arbeiten der alten Müllersleute werden vorgestellt.

Durch eine Allee mit uralten Eichen gelangen Sie zum Domaine de Changins, einem alten **Gutshof mit einem Schloss aus dem 18. Jh.** Das Gut wird vom Personal der Eidgenössischen Forschungsanstalt für Pflanzenbau betrieben.

«Malakoff» ist kein russischer Schnaps, sondern eine Waadtländer Spezialität der Côte: knusprige Käsekrapfen, die man am besten mit einem Glas kühlem Chasselas aus den nahen Rebbergen geniesst.

Auf dem Genfersee sind noch sieben Schiffe unterwegs, die sich mit Schaufelrädern durchs Wasser «graben», fünf davon dampfgetrieben. Eine Fahrt mit einem solchen **nostalgischen Raddampfer** lässt Sie teilhaben an der Weite dieser Seelandschaft.

DER JURA: EINE RUHIGE LINIE AM HORIZONT

Von Orbe bis Genf präsentiert sich die erste Jurakette lückenlos, ohne von Quertälern durchbrochen zu werden. Der Jura wendet dem Mittelland seine schroff abfallende Flanke zu. Dabei ragen der Dôle und der Mont Tendre als höchste Gipfel aus dem imposanten Bergrücken heraus. Vom Genfersee aus gesehen, bildet der blaue Jura eine ruhige Abschlusslinie des quirligen Lebens am Seeufer. Auf dem Weg zu den Höhen verliert sich der Rummel zunehmend; Äcker, Wiesen und Wälder bestimmen die Landschaft. Die Bahn von Nyon nach St-Cergue erklimmt mit uns den Jura: Wer will, kann sich und das Velo dem Bähnli anvertrauen.
Auf den ersten Terrassen unterwegs zum Jura liegt weites Bauernland, wo neben Weinbau vor allem Ackerbau betrieben wird. Die Waadt ist eine der grossen Kornkammern der Schweiz. Die Eidgenössische Forschungsanstalt für Pflanzenbau in Changins widmet sich in erster Linie der Zucht von Getreide mit dem Ziel, stets resistentere Sorten von immer höherer Qualität zu entwickeln.

NYON: JULIUS CÄSAR IM PORZELLANLADEN

Schon kleine Spatenstiche können in Nyon römische Spuren zutage fördern, denn die Stadt wurde 58 v. Chr. von Julius Cäsar gegründet. Skulpturen, Mosaike, Amphoren und Inschriftensteine erhellen die Geschichte der römischen Garnisonstadt Colonia Julia Equestris. Drei Säulen des ehemaligen Forums wurden 1974 am Eingang der Stadt, im Park Bourg-de-Rive, wieder aufgerichtet. Von der Terrasse des fünftürmigen Schlosses aus geniessen Sie einen herrlichen Blick auf den Genfersee, die Alpen und den Montblanc. Einblick in die Unterseewelt gewinnen Sie im Musée du Léman: In Aquarien und Vitrinen können Sie Barsche, Forellen, Aale, Katzenfische, Krebse und Muschelkolonien aus der Nähe betrachten.

Nyon Région Tourisme
Av. Viollier 8, 1260 Nyon
✆ 022 365 66 00, www.lacote-tourisme.ch

NOTFALLTELEFONNUMMERN

Polizeinotruf	117
Strassenhilfe	140
Sanitätsnotruf	144
REGA: Einsatz Rettungshelikopter	1414

ALLGEMEINE TELEFONISCHE INFORMATIONEN

Auskunftsdienst	1811
Wetterprognosen	162
(aus dem Ausland Tel. +41 848 800 162)	
Strassenzustand, Verkehrsinformationen, Pässeinfos	163
(aus dem Ausland Tel. +41 848 800 163)	

INFORMATIONEN ZUM VELOLAND SCHWEIZ

Stiftung SchweizMobil
Monbijoustrasse 61, 3007 Bern
Tel.: +41 (0)31 313 02 70
www.schweizmobil.ch
info@schweizmobil.ch

ONLINE-BUCHUNGSSTELLE VELOLAND SCHWEIZ

Eurotrek AG
Lerzenstrasse 21, 8953 Dietikon
Tel.: +41 (0)44 316 10 00
www.eurotrek.ch
eurotrek@eurotrek.ch

ALLGEMEINE TOURISTISCHE INFORMATIONEN SCHWEIZ

Schweiz Tourismus
Morgartenstrasse 5a, 8004 Zürich
Fax: +41 (0)44 288 12 05

Information und Buchung:
Tel.: 00800 100 200 29 (gratis)
Montag bis Freitag von 8.00 bis 19.00 Uhr
Fax: 00800 100 200 31 (gratis)
www.MySwitzerland.com
info@MySwitzerland.com

Informationen und Reservationen beim Ferienspezialisten für die Schweiz:
Switzerland Travel Centre AG
www.switzerlandtravelcentre.com

ÜBERNACHTUNGSANGEBOTE

Partnerbetriebe von Veloland Schweiz
www.schweizmobil.ch
Services > Übernachten

Hier können Sie die aktuellen Informationen zu den empfohlenen Übernachtungsmöglichkeiten entlang aller neun Routen von Veloland abfragen, in beiden Fahrtrichtungen.

hotelleriesuisse
(Der Schweizer Hotelführer)
Tel.: +41 (0)43 210 55 00
Fax: +41 (0)43 210 55 01
www.swisshoteldata.com
info@hotelleriesuisse.ch

Schweizer Jugendherbergen
Verzeichnis der Jugendherbergen und Online-Buchungsstelle
www.youthhostel.ch

Bed and Breakfast Switzerland
Verzeichnis der Bed and Breakfast und Online-Buchungsstelle
www.bnb.ch

Schweizer Alpen-Club SAC
Verzeichnis der SAC-Hütten und Online-Buchungsstelle
www.sac-cas.ch/huetten

Swiss Hostels
Verzeichnis der Hostels und Online-Buchungsstelle
www.swisshostels.com

Touring Club Schweiz TCS-Camping
Verzeichnis der Campingplätze und Online-Buchungsstelle
www.tcs-camping.ch

Agrotourismus Schweiz
Verzeichnis der agrotouristischen Betriebe und Online-Buchungsstelle
www.agrotourismus.ch

nationale Route,
asphaltiert / nicht asphaltiert

regionale Route,
asphaltiert / nicht asphaltiert

gefährliche Stelle / gefährliche Strasse
mit starkem Verkehr

Signalisation nur in diese
Fahrtrichtung / empfohlene Fahrtrichtung

Steigung 3–5 % / Steigung 5–10 % /
Steigung über 10 %

Informationstafel / Anschlusspunkt zur
folgenden Karte

6 4 6

Kilometerangaben gerundet

Verbesserte Linienführung in Vorbereitung

Mietvelostation

Auf www.veloland.ch findet man die genaue
Lokalisierung und alle Angaben zu den
Mietvelostationen.

Veloservicestationen (Velohändler)

Besonders gefährlicher Abschnitt

103

siehe Seite 103

Landschaftlicher Höhepunkt mit /
ohne Text- oder Bildverweis

Standorthinweis mit Text- oder
Bildverweis

I ↔ K = 25 km

I → K = 520 m

K → I = 50 m

Distanz zwischen den beiden
Anschlusspunkten

Anzahl Höhenmeter in der einen
Fahrtrichtung

Anzahl Höhenmeter in der anderen Fahrtrichtung

Kartenmassstab 1:74 000
(1 cm entspricht 740 m)
Äquidistanz der Höhenkurven 50 m

BILDQUELLEN / COPYRIGHT

Route 7 (Jura-Route)

Basel
Basel Tourismus

Chalet du Pré de Bière
Chalet du Pré de Bière

Château des Monts
Christian Götz

CGN Savoie
Nyon Région Tourisme

Crêtes du Jura
Marc Baertsch

Damasine, Porrentruy und St-Ursanne
Reto Duriet

Dolinen
Michael Fiegle, Wikimedia Commons, lizenziert unter CC BY-SA 3.0, URL: https://creativecommons.org/licenses/by-sa/3.0/legalcode, bearbeitet

Domaine de Changins
Leemburg-CH, Wikimedia Commons, lizenziert unter CC BY-SA 4.0, URL: https://creativecommons.org/licenses/by-sa/4.0/legalcode, bearbeitet

Eisenbahnmuseum Vallorbe
www.vincentbourrut.ch

Espace Horloger
Meylan multimédia

Fort Pre Giroud
Claude Jaccard

Franches-Montagnes et Etangs
Hugiphotography.ch

Freiberge
Dietrich Michael Weidmann, Wikimedia Commons, lizenziert unter CC BY-SA 3.0, URL: https://creativecommons.org/licenses/by-sa/3.0/legalcode, bearbeitet

Höhlenmühlen
Paebi, Wikimedia Commons, lizenziert unter CC BY-SA 3.0, URL: https://creativecommons.org/licenses/by-sa/3.0/legalcode, bearbeitet

Jurahaus
Picsinfusion, Wikimedia Commons, lizenziert unter CC BY-SA 3.0, URL: https://creativecommons.org/licenses/by-sa/3.0/legalcode, bearbeitet

Lac de Joux
D. Carlier

Lac des Taillères
Andreas Faessler, Wikimedia Commons, lizenziert unter CC BY-SA 4.0, URL: https://creativecommons.org/licenses/by-sa/4.0/legalcode, bearbeitet

Landmaschinenmuseum Gingins
Moulin de chiblins

Leimental
StefanRohrbach, flickr, lizenziert unter CC BY 2.0, URL: https://creativecommons.org/licenses/by/2.0/legalcode, bearbeitet

Les Martel
robinnyfeler.ch

Lützeltal
Keimzelle, Wikimedia Commons, lizenziert unter CC BY-SA 4.0, URL: https://creativecommons.org/licenses/by-sa/4.0/legalcode, bearbeitet

Malakoff
Popo le Chien, Wikimedia Commons, lizenziert unter CC BY-SA 3.0, URL: https://creativecommons.org/licenses/by-sa/3.0/legalcode, bearbeitet

Mont de Baulmes
Pmau, Wikimedia Commons, lizenziert unter CC BY-SA 4.0, URL: https://creativecommons.org/licenses/by-sa/4.0/legalcode, bearbeitet

Moor von La Vraconnaz
Pmau, Wikimedia Commons, lizenziert unter CC BY-SA 4.0, URL: https://creativecommons.org/licenses/by-sa/4.0/legalcode, bearbeitet

Musikdosen- und Automatenmuseum
Rama, Wikimedia Commons, lizenziert unter CC BY-SA 2.0 FR, URL: https://creativecommons.org/licenses/by-sa/2.0/fr/legalcode, bearbeitet

Nyon
Patrick Nouhailler, flickr, lizenziert unter CC BY-SA 2.0, URL: https://creativecommons.org/licenses/by-sa/2.0/legalcode, bearbeitet

Ponts-de-Martel
Didier Schürch, Wikimedia Commons, lizenziert unter CC BY-SA 4.0, URL: https://creativecommons.org/licenses/by-sa/4.0/legalcode, bearbeitet

Robella
GUILLAUME PERRET

Sainte Croix
Pmau, Wikimedia Commons, lizenziert unter CC BY-SA 4.0, URL: https://creativecommons.org/licenses/by-sa/4.0/legalcode, bearbeitet

Sentier des Monts
Jura bernois Tourisme

St-Cergue
Cédric Buffler, flickr, lizenziert unter CC BY-ND 2.0, URL: https://creativecommons.org/licenses/by-nd/2.0/legalcode, bearbeitet

St-George
Alexey M., Wikimedia Commons, lizenziert unter CC BY-SA 4.0, URL: https://creativecommons.org/licenses/by-sa/4.0/legalcode, bearbeitet

Tête de Moine
Guillaume Perret

Vacherin Mont d'Or
Arnaud 25, Wikimedia Commons, lizenziert unter CC BY-SA 4.0, URL: https://creativecommons.org/licenses/by-sa/4.0/legalcode, bearbeitet

Vallée de Joux
Claude Jaccard

Vallorbe
Jurate Daugelaite, Wikimedia Commons, lizenziert unter CC BY-SA 4.0, URL: https://creativecommons.org/licenses/by-sa/4.0/legalcode, bearbeitet

Vallorbe Grottes
www.vincentbourrut.ch

Vallorbe Juraparc
www.vincentbourrut.ch

Weiherschloss Bottmingen
Roland Zumbuehl, Wikimedia Commons, lizenziert unter CC BY-SA 4.0, URL: https://creativecommons.org/licenses/by-sa/4.0/legalcode, bearbeitet

Zoo von Garenne
Parc zoologique de la garenne